세상을 보는 지혜 ❶

Hand-Orakel und Kunst der Weltklugheit

세상을 보는 지혜 ❶

Hand-Orakel und Kunst der Weltklugheit

발타자르 그라시안 지음 | 쇼펜하우어 엮음 | 박민수 옮김

(주) 아침나라

발타자르 그라시안

발타자르 그라시안(1601 - 1658)은 스페인 사람으로 18세 때 예수회의 일원이 되었다. 그는 교파 소속의 여러 교육기관에서 교사로서 활동하였으며 말년에는 타라고나의 예수회에서 강사직을 역임하였다. 또한 종군신부로서도 용기와 능변을 보여주었으며 이 때문에 병사들로부터 '승리의 대부' 라는 이름을 얻기도 했다.

박민수

연세대학교 독어독문학과 졸업.
연세대학교 대학원 독어독문학과 박사. 베를린 자유대학 박사.
역서로《크산티페》,《고향 잃은 우리들》등이 있다.

세상을 보는 지혜 1

1991년 12월 16일 1판 1쇄 발행
2024년 1월 1일 7판 3쇄 발행(260쇄)

지은이 | 발타자르 그라시안
엮은이 | 쇼펜하우어
옮긴이 | 박민수
펴낸곳 | (주) 아침나라
펴낸이 | 황근식

출판등록 | 1999년 5월 13일 제16-1888호
주소 | 경기도 파주시 문발로 214-12, 3층
http://www.achimnara.kr
e-mail | achimnara333@naver.com
전화 | (031)955-6333 팩스 | (031)955-6335

ISBN 978-89-5587-210-1 (04800)

가라!

내 손짓에 따라,

네 젊은 날을 이용하고

이때에 현명해지기 위해 노력하라.

거대한 행운의 저울 위에서

지침이 평형을 이루는 순간은 드물다.

그대는 비상하지 않으면 곤두박질쳐야 하고,

승리하여 지배하거나

패배하여 복종할 수밖에 없으니,

고통을 겪거나 승리에 취하고

모루가 아니면 망치가 돼야 한다.

— 괴테 Goethe —

서 문

세계적으로 유명한 그라시안의 이 책은 오래전에 프랑스어로 번역되었으며 그것을 토대로 하여 라틴어판이 출간되었다.

그러나 프랑스어본은 번역이 불완전하며 《그라시안의 궁정의 사람들》이라는 그릇된 제목을 달고 있었다. 이제 내가 편역한 이 책은 스페인어에서 독일어로 옮긴 최초이자 유일한 역본이다. 그럴 것이 1717년 뮐러 박사가 출간한 독일어판은 오늘날 읽히지도 않지만 충실한 번역이 아닌 번안에 불과한 것이었기 때문이다. 지금 나온 이 책은 스페인어와 독일어가 지닌 근본적인 차이로 인한 손상을 제외한다면 원본에 충실한 번역판이다. 따라서 독자들은 원본에서 아무것도 버린 것이 없는 이 역본을 안심하고 읽을 수 있다. 물론 역자로선 독일어로 옮기기 불가능한 몇 개의 단어가 있었다. 그러나 그 몇 개의 단어를 나는 가능한 한 비슷한 뜻의 독일어로 옮기려 노력했으니 독자 여러분도 이 점 너그러이 헤아려주길 바란다.

쇼펜하우어 Schopenhauer

소중한 사람의 인생을 위하여

1991년 초판이 발간된 이후 12년이라는 세월이 흘렀다.

그동안 《세상을 보는 지혜》는 '소중한 사람의 인생을 위하여 꼭 선물하고 싶은 책' 혹은 '인생에 가장 많은 영향을 준 책'으로 독자들의 사랑을 받아왔다. 이러한 독자들의 사랑은 250만부 이상의 판매, 비소설 분야에서 103주 연속 베스트셀러 1위의 자리를 차지하는 등 한국 출판의 역사에 새로운 기록을 남겼다.

그러나 이러한 기록에 만족하지 않고 이번에 표지 디자인에서부터 본문 편집을 새롭게 바꾸었다. 더욱더 품격있고 정감을 주는 《세상을 보는 지혜》가 되도록 정성을 기울였다. 이것이 이 책을 아끼고 성원해 준 많은 분들께 보답하는 길이라고 믿기 때문이다.

《세상을 보는 지혜》를 사랑해 준 독자들께 진심으로 감사드린다.

2003년 9월 1일

아침나라 발행인 황근식

냉철한 이성을 지녀야 한다

발타자르 그라시안(1601-1658)은 스페인 사람으로 18세 때 예수회의 일원이 되었다. 그는 교파 소속의 여러 교육기관에서 교사로서 활동하였으며 말년에는 타라고나의 예수회에서 강사직을 역임하였다. 또한 종군신부로서도 용기와 능변을 보여주었으며 이 때문에 병사들로부터 '승리의 대부'라는 이름을 얻기도 했다.

그가 저술한 책들 중 현재까지 남아 있는 것은 주로 그의 친구인 고고학자 후안 데 라스타노싸에 의해 간행된 것이다. 그러나 이 책들도 발타자르 그라시안의 형제로 전해지는 로렌쪼 그라시안의 이름으로 출간되었다. 자신의 이름을 감춘 것은 신부인 그가 예수회 상부로부터 간섭을 받지 않고 저술활동을 하고자 했기 때문인 것으로 추측된다. 그러나 이런 사실은 상부에 알려졌으며, 저술의 내용은 문제되지 않았지만 허가 없이 책을 출간했다는 죄목으로 그는 옥에 갇혀 한동안 빵과 물만 먹으며 속죄를 해야 했다.

발타자르 그라시안의 저술들 중에서 세계적으로 널리 번역되어 큰 명성을 얻게 된 이 책의 초판본(1647)은 남아 있지 않다. 그러므로 이후에 나온 여러 판본들은 두 번째 판본(1653)에 근거한 것이다.

'사람들과 어울려 사는 법' 을 가르치는 책은 많다. 그러나 그러한 저술들 중에서 그라시안의 책은 분명 최고의 자리를 차지하고 있다. 그라시안은 인간을 결코 대단하게 생각하지 않는다. 그는 이렇게 말한다. "냉철한 이성을 지녀야 한다. 필요한 만큼의 품위를 지켜라. 그래야 성공이 보장된다. 그리고 완벽한 인간으로 대접받도록 하라." 이처럼 그라시안은 이기적이고 천박하며 때로는 사악하고 변덕스러운 인간들과 어떻게 어울려 살아야 하는가를 꾸밈없고 냉정하게 가르친다.

《세상을 보는 지혜》에는 독자들을 현혹시킬 아름다운 말은 없다. 다만 현실적이고 구체적인 언어로 약점많은 우리의 삶을 있는 그대로 이해하고 이야기해 줄 뿐이다. 그러나 이 경구들 속에는 대가다운 재치와 기지에 넘치는 역설, 그리고 번뜩이는 신랄함이 가득 차있다. 이 책이 지닌 이러한 면면들은 독일의 대철학자 쇼펜하우어를 사로잡았다. 그래서 독일어 역본이 출간된 것이다. 그의 독일어 역본은 비할 데 없이 훌륭한 것이다. 이 책은 쇼펜하우어의 역본을 다소 축약한 것이지만 다른 모든 부분에서는 원칙적으로 손상된 것이 없다.

독일어판 발행인 오토 프라이헤어 폰 타우베

자신의 모습을 생생히 비춰주는 거울

독일어판 발행인의 말에서도 밝혔듯이 발타자르 그라시안은 17세기 스페인의 예수회 수도사로서 문필가 및 철학자로도 활동하였다. 교단과의 갈등을 피하기 위해 익명으로 출판된 그의 저술들은 염세적인 경향을 보이며 인간이 지닌 일반적인 사악함을 논하는 가운데 영웅이나 정치가가 지녀야 할 처세의 교훈을 설파하고 있다. 《비판가(1651)》, 《처세에 능한 사람(1646)》, 《영웅(1637)》과 같은 그의 주요 저술에서 나타나는 근본적인 사상의 핵심은, 현실 사회에서 인간이 악으로 기울어지는 경향은 피할 수 없다는 통찰이다. 인간은 이기심과 악의와 허영으로 가득 찬 존재이며, 따라서 그러한 인간들 속에서 함께 살아가기 위해서는 특별한 지혜가 요구된다는 것이다. 《세상을 보는 지혜》에서도 그라시안은 압축된 표현과 재치있는 비유를 통해 그러한 생각을 독자들에게 전하고 있다.

이런 맥락에서 볼 때, 《세상을 보는 지혜》를 읽는 독자들에겐 이 책이 목적을 위해 수단과 방법을 가리지 말라는 권모술수의 교본이 아닌가 하는 생각이 들 수도 있을 것이다. 아닌게 아니라 이 책은 독자에게 열악한 인간 세상에서 어떻게든 살아남기를 권하고 있으며, 이를 위해 처세의 기술과 요령을 가르치기도 한다. 그런데 여기서 우리는 작가의 견해가 비관적인 세계관을 바탕으로 한다는 것을 상기해야 할 것이다. 인간은 악하고 믿을 수 없는 동물이며 세상은 우애와 협조 그리고 사랑으로만 가득한 곳이 아니라는 것이다. 현실이 그러한 모습을 지니고 있음을 우리는 경험을 통해 알고 있다. 그라시안의 시대에나 우리의 시대에나 현실은 비관을 강요하는 것이다. 그러나 우리가 그러한 현실에 대해 체념한 채《세상을 보는 지혜》에서 지혜가 아닌 단순한 처세의 요령만을 배운다면 그것은 그라시안의 참뜻을 헤아리지 못한 소치가 될 것이다. 우리에겐 냉혹한 현실에서 요령있게 살아가는 지혜도 필요하지만 그 현실에 안주하지 않는 용기도 있어야 하기 때문이다. 그러므로 '지혜로운' 독자는《세상을 보는 지혜》를 단순히 처세술의 교본으로서가 아니라 자신의 모습을 생생히 비춰주는 거울로서도 사용할 것이다. 끝으로 이 번역의 대본으로는 1988년(20판) 독일의 인젤출판사(Insel-Verlag)에서 출간된《Balthasar Gracian: Hand-Orakel Und Kunst der Weltklugheit》를 사용하였음을 밝혀둔다.

옮긴이 박민수

인생에 필요한 조건을 두 배로 갖추어라

그러면 생활 역시 두 배의 가치를 지닐 것이다

1

오늘날 모든 게 절정에 이르렀다. 특히, 자기의 주장을 관철시키는 기술은 최고의 수준에 이르렀다. 오늘날의 지혜로운 사람 한 명은 예전의 지혜로운 사람 일곱 명이 가진 것보다 더 많은 것을 갖고 있다. 따라서 오늘날 한 사람을 제대로 다루기 위해서는 옛날에 전 민중을 다루는 것보다 더 많은 지혜와 노력이 필요하다.

2

지식과 용기는 위대함을 낳고 불멸의 것을 이룬다. 지식과 용기야말로 불멸이기 때문이다. 사람은 누구나 자신이 아는 만큼 행할 수 있으므로 지혜로운 자는 모든 것을 행할 수 있다. 반면 무지한 인간은 암흑의 세계를 산다. 통찰과 힘의 관계는 눈과 손의 관계와 같다. 용기가 뒷받침해주지 않는 지식은 아무것도 이루지 못한다.

3

가슴과 머리, 이 둘은 인간 능력의 양대 축이다. 둘 중 하나가 없으면 행복은 반감된다. 지성만으로는 되지 않는다. 마음이 뒤따라야 한다. 어리석은 자는 자신의 지위와 직무, 재산, 사람들과의 교유에서 자신의 소명을 잊음으로써 불행을 자초한다.

4

자신의 의도를 남에게 드러내지 마라. 새로운 것을 보고 놀란다는 것은 이미 성공이 보장되는 것이다. 자기 패를 펼쳐놓고 하는 카드놀이는 유익하지도 않고 재미도 없다. 사람들은 자기의 의도를 곧장 내보이지 않음으로써 다른 사람들의 기대감을 자극한다. 특히 높은 지위에 올라 일반인들의 주목을 받는 경우가 그렇다. 어떤 경우건 비밀스러운 것을 살짝 내비쳐 뭔가가 여전히 드러나지 않고 있음을 보여줌으로써 사람들의 경외감을 불러일으켜라. 자신의 생각을 드러낼 때에도 평범한 방식은 피해라. 사람들과 사귈 경우에도 속마음을 모두 드러내지 마라. 신중한 침묵이야말로 현명함이 머무는 성전(聖殿)이다. 의도란 드러나 버리면 높이 평가되기는커녕 흠만 잡힌다. 그리고 끝을 잘 마무리하지 못하면 불행은 두 배가 될 것이다. 사람들을 추측과 불안 속에 묶어두는 것이야말로 신이 인간을 지배하는 노하우를 따라 배우는 것이다.

5

사람들이 당신을 따르게 만들라. 우상을 만들어내는 자는 도금장이가 아니라 숭배자들이다. 현명한 자는 사람들이 자신에게 감사하기보다는 자신을 필요로 한다는 것에 더 만족한다. 사람들을 희망의 밧줄로 묶는 것은 궁정 사람들이 하는 방식이며, 감사의 말에 만족하는 것은 농부나 하는 짓이다. 농부의 태도는 궁정 사람들보다 기억에서 쉽게 사라진다. 사람들은 부담스런 정중함보다는 차라리 종속감을 느끼는 쪽을 택한다. 목을 적신 사람은 샘에서 등을 돌리는 법이다. 금접시에 담긴 오렌지는 과즙을 짜내고 나면 시궁창에 내던져진다. 종속감이 사라지면 우호적인 태도도 사라지기 마련이며 존경심도 없어진다. 그러므로 경험이 우리에게 가르친 것처럼 사람들을 희망에 묶어두되 결코 만족시키지 마라. 그보다는 그 종속이 언제까지나 불가피하게 이어지도록 하라. 그대의 주인이 왕관을 쓴 군주인 경우에도. 그러나 이런 일을 너무 과도하게 밀고 나가서는 안 된다. 그리되면 사람들은 은연중에 그대가 잘못을 범하기를 바랄 것이다. 또 자신의 이익만 챙기느라 다른 이에게 불치의 상처를 주어서도 안 된다.

6

자신을 완성시켜라. 우리는 완성된 채로 태어나는 것이 아니다. 날마다 조금씩 우리는 인격과 직업에서 완성되어 가는 것이다. 우리가 완성의 순간에 도달할 때까지. 완성의 순간에서는 모든 능력이 완숙한 경지에 이르며 모든 장점들이 고양된다. 취미가 고상해지고 생각이 맑아지며 판단이 성숙해지고 의지가 순화될 때 우리는 완성을 깨닫게 된다.

7

국민성의 결함을 부정하라. 교양 수준이 아무리 높은 국민에게도 나름의 결함은 있게 마련이다. 그래서 이웃 국민의 비난을 살 꼬투리는 있게 마련이다. 이웃 국민은 꼬투리를 잡음으로써 자신들에게 올 비난을 막거나 아니면 위안을 얻으려 한다. 자기 민족의 결함을 개선하거나 최소한 그것을 감출 수 있다면 그것은 찬양할 만한 수완이다. 그렇게 하면 국민 중의 탁월한 인물이라는 평판을 얻을 수 있다. 최소한 그런 수완의 발휘가 기대된다면 높은 평가는 따라온다. 가정, 지위, 직업, 그리고 자신의 나이에서 저지르는 과실의 경우에도 마찬가지다.

8

열정을 다스려라. 그것은 가장 높은 정신적 수준에 달한 사람들의 속성이다. 이러한 우월함은 그들을 자유롭게 하며 일반인들에게 깊은 인상을 준다. 자신과 자신의 열정을 다스릴 줄 알면 모든 것을 다스릴 수 있다. 이렇게 되면 자유의지는 승리를 거둔다. 열정의 지배를 받게 되어도 자신의 일에까지 지배를 받지는 말라. 이것은 불쾌함을 피하고 지름길로 명망을 얻을 수 있는 품위 있는 수법이다.

9

윗사람을 이기려 들지 마라. 모든 우월함은 미움을 부른다. 자신의 주인보다 높이 서려는 것은 어리석음의 소치이거나 운명의 장난이다. 우월함은 끊임없이 시샘의 대상이 된다. 우월함이 클수록 시샘도 커진다. 신중한 사람이라면 평범한 이들이 내세우는 장점을 감출 것이다. 예를 들어 자신의 아름다움을 허름한 옷으로 가릴 것이다. 행복한 여건이나 기질은 흔쾌히 양보해도 지성에서 뒤쳐지는 것을 견뎌 낼 사람은 없으리라.

10

행복과 명예. 행복은 무상하지만 명예는 불멸의 것이다. 행복은 살아있는 동안 누리는 것이고 명예는 그 후에 찾아오는 것이다. 행복은 갈망의 반대이고 명예는 망각의 반대이다. 행복은 소망의 대상이며 때로는 조장되기도 한다. 명예는 획득되는 것이다. 명예에 대한 소망은 그 가치에서 비롯되는 것이다. 명예의 여신 파마(Fama)는 거인족의 자매였고 지금도 그러하다. 명예의 여신은 끊임없이 비범한 것, 기괴한 것, 기적과 같은 것, 또한 혐오나 갈채의 대상을 추구한다.

11

사물과 그 외양. 사물이 가진 본질적인 면만으로는 충분하지 않다. 그것을 둘러싼 주변 상황도 필수적인 것이다. 아름다운 행동거지는 삶의 장식이며, 쾌적한 외양은 언제나 놀라울 정도로 측면지원을 한다.

12

배울 게 있는 사람과 사귀어라. 우정어린 사귐은 지식의 학교이며 즐거움을 주는 배움의 길이다. 그대의 벗을 스승으로 삼아 배움의 유익함과 흥겨운 만족을 동시에 누리도록 하라. 우리는 대개 이해관계에 따라 사람들에게 접근한다. 그러나 여기 한 수 더 높은 방식이 있다. 배포있는 궁정 사람의 집은 허영에 찬 궁전보다 더 큰 위대한 무대이다. 사려 깊은 사람은 궁정 사람의 집을 더 자주 방문한다. 우리 주위에는 세상을 사는 지혜로 명성을 떨친 사람들이 있다. 그들은 비범한 사례들과 교류, 위대한 예언을 통해 우리에게 가르침을 주는 동시에 그들을 둘러싼 무리들이 모여 훌륭하고 고귀한 지혜를 전파하는 학당(學堂)을 열고 있다.

13

자연과 예술*, 자연은 질료이고 예술은 그 질료로 빚은 작품이다. 어떠한 아름다움도 그것을 뒷받침하는 도움이 없으면 세상에 존재할 수 없으며, 완전함은 예술에 의해 더 높은 단계로 오르지 못할 때 야만으로 전락한다. 예술은 결함을 보완하고 좋은 것을 완성시킨다. 자연은 그 자체가 우리를 최상의 상태에 있게 하지만, 우리는 그 상태를 벗어나 예술로 향한다. 예술이 없다면 자연상태는 최상이었던 씨앗이라도 완숙의 경지에는 이르지 못한다. 완전함도 사람의 손으로 더 가꾸지 않으면 부족한 것으로 머물며, 인간은 인위적인 교육을 받지 못하면 거친 품성을 버리지 못한다. 어떠한 종류의 것이든 완성을 위해서는 연마가 필요한 것이다.

* 역주 : 여기에서 '예술'은 좁은 의미에서의 음악, 문학, 미술 등만을 지칭하는 것이 아니라 자연적인 것에 인간의 힘을 가하는 행위와 그로부터 만들어진 모든 것을 가리키는 넓은 의미에서 사용된 것이다.

14

도움을 주는 지혜로운 사람을 곁에 두라. 권력자의 행운은 탁월한 통찰력을 가진 사람을 자기 편에 둘 수 있다는 데에 있다. 지혜로운 사람들을 심복으로 삼을 수 있다면 그것은 엄청난 힘이 될 것이다. 우리보다 우월한 자를 심복으로 삼는다는 것은 인생에 있어 최고의 일이며 둘도 없는 환희이다. 앎은 길고 인생은 짧다. 무지한 자는 삶을 영위하고 있는 것이 아니다. 그러므로 노력을 낭비하지 않은 채 여러 사람의 가르침을 받아 모든 것을 알게 되는 것이 현명한 것이다. 그리하여 그대가 충고로서 들은 것보다 더 많은 것을 사람들이 모인 자리에서 그대 입으로 말하라. 그러면 다른 사람의 노고를 빌려 그대가 예언자의 명성을 얻게 될 것이다. 우리에게 베풂을 주는 지혜로운 사람들은 우선 교훈이 될 만한 것을 쌓아두고 우리에겐 그 정수를 가르쳐 준다. 그러나 지혜로운 사람을 심복으로 삼지 못할 경우에는 그들과 교유하여 도움을 얻도록 하라.

15

그대의 의도를 때로는 감추고, 때로는 내보이며 행동하라. 인간의 삶이란 사악함과의 투쟁이다. 지혜로움이란 그대의 의도대로 책략을 구사할 수 있다는 뜻이다. 지혜가 행하는 것은 뜻한 바 그대로가 아니라 그저 속이기 위한 것이다. 지혜는 노련하게 허세를 부리지만 나중에 보면 예기치 않았던 것을 이루며, 끊임없이 자신의 책략을 감추려 든다. 지혜가 뜻한 바를 내보이는 경우는 적의 주의를 다른 곳으로 돌리려 할 때이다. 그러나 곧 다시 돌아서서는 누구도 생각하지 못했던 승리를 거둔다. 허나 그에 앞서 지혜는 주의를 기울여 차후의 일을 예리하게 통찰해내며 치밀하게 생각을 거듭한다. 지혜로운 자는 언제나 사람들이 보여주는 것의 이면을 파악할 줄 알며, 짐짓 아무것도 모르는 표정도 지을 줄 안다. 적이 의도한 바를 처음으로 보여줄 때는 언제나 그냥 흘려보내고 두 번째, 세 번째의 것을 기다려라. 연기는 기교를 더 하고 한층 높은 단계에 이르며, 심지어는 진실을 드러내 속이고자 한다. 술책을 숨기기 위해 연기의 방식이 달라진다. 그리하여 실제의 것이 위장된 것으로 나타나며, 이때 기만은 완전한 정직함을 기반으로 하게 된다. 그러나 깨어 있는 지혜는 관망할 줄 알며 날카로운 눈매로 빛 안에 감추어진 어둠을 통찰한다. 지혜는 솔직하게 보일수록 더 기만적이었던 그 의도의 암호를 풀어낸다. 바로 그러한 방식으로 피톤의 간계는 모든 것을 꿰뚫는 아폴론의 빛에 대항하는 것이다.

16

통찰력과 정직한 의도. 이 두 가지를 겸비하면 모든 일에 성공한다. 언어도단의 사태가 일어나는 것은 언제나 뛰어난 지성이 나쁜 의지와 만날 때이다. 사악한 의도는 완전함을 해치는 독(毒)이다. 그것이 지식의 뒷받침을 받으면 더욱 교묘한 방식으로 우리를 파멸시킨다. 지성을 갖추지 못한 앎은 곱절의 어리석음이다.

17

일을 처리하는 방식을 바꿔라. 언제나 같은 방식을 취하지 않을 때 남들의 주의, 특히 적의 주의를 흐트러뜨릴 수 있다. 똑바로 날아가는 새를 맞히기는 쉽지만 방향을 바꾸는 새를 맞히기는 어렵다. 노련한 도박꾼은 상대방이 예측할 수 있는 패, 더욱이 그가 원하는 패를 내놓지는 않는다.

18

근면과 재능. 이 두 가지가 없으면 결코 뛰어난 인물이 될 수 없다. 이 두 가지를 겸비하면 최고의 경지에 이를 것이다. 보통의 지성을 가진 사람도 근면하면 뛰어난 지성을 가진 게으른 사람보다 더 많은 것을 이룰 수 있다. 근면은 명성을 얻기 위해 지불해야 할 대가다. 작은 것을 지불하여 얻은 것은 그 가치도 작다. 최고의 직위에 있으면서 궁지에 몰리는 것은 대개 근면하지 못하기 때문이지 재능이 부족한 경우는 드물다. 높은 지위에서 중간 정도 되는 것이 낮은 지위에서 특출한 것보다 더 낫다는 말은 그럴듯한 변명이 될 수 있다. 그러나 가장 높은 지위에서 뛰어날 수도 있는데 가장 낮은 지위에서 중간 정도로 만족한다면 입이 열 개라도 할 말이 없는 것이다. 그러므로 타고난 재능과 인위적인 노력은 모두 필요한 것이며, 근면은 이 둘을 보장해 준다.

19

사람들에게 큰 기대를 갖게 하지 마라. 명성을 얻은 자들의 불행은 흔히 사람들이 품는 지나친 상상에 부응하지 못할 때 초래된다. 상상력이란 소망과 결부되어 있기에 언제나 실제의 것보다 더 큰 것을 상상하게 된다. 아무리 탁월하다 해도 선입견을 충족시키기에는 부족할 수밖에 없다. 부푼 기대에 사로잡혀 있던 사람이 실망하게 되면 탁월함을 칭찬하기보다는 잘못을 물고 늘어진다. 그러므로 사람들 앞에 나설 때에는 자신이 뜻한 바를 조금은 감추어라. 그러면 결과에 대해 비난받지 않을 정도의 주목만 끌 수 있다. 실제의 결과가 기대를 넘어서는 것이라면, 그리고 사람들이 생각했던 것 이상이라면 더욱 좋다. 그러나 이러한 규칙은 나쁜 일에서는 역으로 적용된다. 나쁜 일이 과장되면 사람들은 그것이 잘못되는 것을 보고 싶어하며, 그렇게 되면 처음에 혐오와 공포의 대상이었던 것이 후에는 견딜 만한 것으로 되어버리기 때문이다.

20

대중의 호감을 사라. 위정자의 명망은 자비로움을 통해 획득된다. 그리고 지배자가 자애를 보이면 일반인의 호감을 얻게 된다. 이것이 바로 다른 모든 이들보다 더 많은 선행을 하도록 최고의 권력이 위정자에게 부여한 유일한 장점이다.

21

행복을 얻는 기술. 행복을 얻는 데에는 규칙들이 있다. 왜냐하면 지혜로운 자에게 모든 것이 우연은 아니기 때문이다. 노력은 행복을 뒷받침한다. 태평하게 행복의 여신 문 앞에서 그 문이 열리기만을 기다리는 사람들도 있다. 좀 더 적극적인 사람들은 대담하게 앞으로 나가고자 노력한다. 그리하여 그들이 지닌 자질과 용기의 나래를 타고 여신에게로 날아가 은총을 얻고자 한다. 그러나 잘 생각해 보면 미덕과 조심성을 갖추는 것 외에 행복에 이르는 다른 길은 없다. 누구나 자신의 지혜만큼 행복하고 자신의 우둔함만큼 불행한 것이다.

22

사람은 누구나 시대의 자식이다. 비범하고 특출한 사람도 자신의 시대에서 벗어날 수는 없다. 모든 사람이 자기에게 어울리는 시대를 살았던 것은 아니다. 많은 사람이 적절한 시대에 태어났지만 그 시대를 이용하기까지에는 오랜 시간이 걸렸다. 더 나은 시대에 태어났어야 했을 이들도 있었다. 선(善)이 언제나 승리를 거두는 것은 아니다. 모든 사물은 그 나름의 시기를 갖는 법이며, 최고의 천부적 재능도 시대의 흐름을 이겨낼 수 없다. 그렇지만 현자는 하나의 장점을 가지고 있다. 그것은 그가 불멸의 존재라는 점이다. 만약 시대가 그에게 적합지 않다면 많은 다른 시대가 그를 맞이할 것이다.

23

이름을 더럽힐 수 있는 일에 관여하지 마라. 명망보다 멸시를 불러올 허망한 일에서는 특히 그렇다. 지혜로운 자들이 버린 것을 게걸스레 움켜쥐고 그 진기한 것에 우쭐해 하는 잘못된 취미를 가진 사람들이 있다. 그렇게 하여 그들의 이름이 일반인의 입에 오르내리겠지만, 그것은 찬양보다는 비웃음의 대상으로서이다. 사려 깊은 사람은 지혜에 관계된 일에서조차 눈에 띄는 방식을 취하지 않으며 자신을 웃음거리로 만들 우려가 있는 일에서는 더더욱 그렇다.

24

결점을 갖지 마라. 그것은 완전함에 이르기 위한 불가결한 조건이다. 육체적으로든 도덕적으로든 잘못을 저지르지 않는 사람은 거의 없다. 사실 사람들은 그러한 결점을 열렬히 사랑한다. 결점이란 쉽게 치유될 수 있다고 생각하기 때문이다. 그러나 그러한 생각이 우리의 명성에 흠집을 남긴다. 적의를 품은 자는 그 흠집을 놓칠세라 찾아내어 기회만 있으면 들추어낸다. 결점을 자랑거리로 바꿀 수 있다면 그것은 놀라운 수완이다. 시저가 자신의 육체적 결함을 월계관으로 덮은 것은 바로 그러한 수완의 발휘였다.

25

모호한 단서로도 전모를 파악하는 법을 배우라.

한때는 말을 잘하는 것이 최고의 기술이었다. 그러나 이제는 그것으로 충분치 않다. 미루어 헤아릴 수 있어야 한다. 특히 기만에 놀아나지 않기 위해서는. 마음속 깊은 곳의 생각을 알아채고 뜻한 바를 간파하는 사람들이 있다. 우리가 알고자 열망하는 진실은 언제나 절반만 말로 표현된다. 주의 깊은 자만이 진실을 완전히 파악할 수 있다. 주의 깊은 자는 소망에 속지 않고 자신의 믿음에 고삐를 당길 줄 알며, 원치 않는 일에서도 자신의 믿음에 박차를 가할 줄 안다.

26

상상력을 관리하라. 때로는 견제하고 때로는 조장하면서. 상상력은 우리의 행복을 좌우할 수 있고, 심지어 우리의 지성도 지배하는 경우가 있다. 상상력은 넋 놓고 바라보는 것으로 만족하지 않고 폭군의 힘을 획득할 수도 있다. 상상력은 끊임없이 움직이며 때로는 우리의 존재를 완전히 사로잡기까지 한다. 그리하여 우리의 존재를 기쁨으로 채우기도 하고 우리의 어리석음을 실감케 하여 슬픔에 몰아넣기도 한다. 상상력이란 우리가 스스로 만족하게도 하고 만족하지 못하게도 하는 것이다. 어떤 이들에게 상상력은 고통만을 주고 바보를 우롱하는 악마처럼 붙어 다닌다. 그러나 다른 이들에게 상상력은 즐거운 어지러움 속에서 축복과 행운을 느끼게 해준다.

27

행복한 자와 불행한 자를 분별하라. 그리하여 행복한 자를 곁에 두고 불행한 자를 멀리 하라. 불행은 대개 어리석음의 대가이며, 그에 가담하는 사람에게 가장 심하게 전염되는 질병이다. 아무리 작은 재앙에도 문을 열어주어서는 안 된다. 그 뒤에는 언제나 더 크고 많은 재앙이 숨어있기 때문이다.

28

겉보기보다는 내실을 더 높이 평가하라. 완전성은 양에 있는 것이 아니라 질에 있다. 모든 탁월한 것들은 언제나 드물고 귀하다. 도처에 널려 있는 사물은 그 가치도 미미하다. 사람의 경우에도 거인들을 알고 보면 대개 난쟁이들이다. 외양만으로는 결코 범상함을 넘어서지 못한다. 평범한 사람들이 겪는 고통은, 그들이 어디에서나 편하려 하기에 어느 곳에도 안주하지 못하는 데서 비롯된다. 그러나 내실 있는 것은 탁월함의 근원이 되며, 그 본질이 고귀하기까지 하다면 영웅적인 것을 낳는다.

29

철저함과 깊이. 그것을 가져야만 훌륭하게 제 역할을 해낼 수 있다. 언제나 내면은 외양보다 더 큰 무엇이어야 한다. 그러나 자재 부족으로 다 지어지지 못해 입구는 궁전 같으나 거실은 오두막인 집처럼 겉만 번지르르한 사람들이 있다. 그런 진저리 나는 사람들 곁엔 오래 머물 필요가 없다. 그들은 시실리의 말(馬)처럼 한순간은 허세 좋게 등장하나 곧 말문이 막히고 만다. 생각의 샘에서 흘러나오지 않은 말(語)은 곧 마르기 때문이다.

30

올곧은 사람이 되라. 올바른 자는 언제나 정의 편에 서며 자신의 신념을 대쪽처럼 지킨다. 대중의 열정도 독재자의 권력도 그로 하여금 결코 정의의 경계를 넘게 하지는 못한다. 그러나 과연 누가 이러한 정의의 불사조인가? 진정으로 정의를 신봉하는 사람은 많지 않다. 정의를 찬양하는 사람은 많지만 일신의 안녕을 위해선 정의를 저버린다. 어떤 이들은 위험에 처할 때까지 정의를 추종한다. 그러나 의롭지 못한 자들은 정의를 부인하고 위정자들은 정의를 숨긴다. 정의란 우정이나 권력, 또는 자신의 이익에 어긋나는 문제에서도 결코 뒤를 돌아보지 않는 것이다. 바로 이 때문에 정의는 배신당할 위험에 놓인다. 교활한 자들은 그럴듯한 형이상학으로 정의를 추상화하고, 그렇게 하여 위정자나 국시(國是)와의 충돌을 교묘히 피한다. 그러나 올곧은 사람은 어떠한 종류의 속임수도 배신으로 간주한다. 그는 자신의 현명함보다는 자신의 동요할 줄 모르고 확고한 태도에 더 큰 가치를 둔다. 진리가 발견되는 곳에는 언제나 그러한 사람이 있다. 정의로운 사람이 어떤 무리에서 떨어져 나온다면 그것은 그의 변덕 때문이 아니라 그 무리의 변절 때문이다. 그 무리가 진리를 배신한 것이다.

31

환영받는 지식의 소유자가 되라. 사려 깊은 사람들은 우아하고 품위 있는 다독(多讀)으로 무장되어 있으며, 시대를 풍미하는 모든 것에 대해 적절한 지식을 갖고 있다. 더욱이 그것은 평범한 방식이 아닌 교양 있는 방식으로 이루어진다. 사려 깊은 사람들은 재치 있는 언변과 고상한 행동을 현명하게 비축해 두었다가 적절한 시기에 사용할 줄 안다. 흔히 좋은 충고는 사뭇 진지한 가르침보다는 재치 있는 말 한마디로 더 잘 전달되기도 했다. 그리고 많은 이들에겐 대학의 어려운 학문보다 알기 쉬운 교훈이 더 많은 도움을 주었다. 대학의 학문이 자유정신에 근거하고 있다 할지라도.

32

어떤 일에서도 범속하게 행동하지 마라. 첫째는 미적 감식력에서. 오 위대한 현자들이여. 그대들이 산고(産苦)를 겪으며 낳은 것이 대중의 마음에 든다면 그 얼마나 맥빠진 일이 될 것인가! 대중의 넘치는 갈채는 현자들에게 즐거움을 주지 못한다. 그러나 대중의 인기에 영합하는 카멜레온들은 아폴론의 부드러운 숨결에서 기쁨을 느끼는 것이 아니라 대중의 입김에서 만족을 구한다. 둘째는 지적인 면에서 범속함을 버려라. 어리석은 대중의 경탄을 받는 것으로 만족하지 마라. 무지한 대중의 경탄은 일시적인 놀라움에 지나지 않는다. 일반인들의 무지함이 경탄을 나타낼 때 분별 있는 자는 그 허위에 속지 않는다.

33

그대의 뜻대로 사람을 움직이는 법을 터득하라.

이것은 다른 사람의 의지를 움직이는 기술이다. 그대는 어디에서 그 마음에 접근해야 하는지를 알아야 한다. 우상을 섬기지 않는 사람은 없다. 어떤 이는 명예를, 어떤 이는 눈앞의 이익을 섬기며, 대부분의 사람들은 쾌락을 추구한다. 각자가 섬기는 우상을 간파하고 이를 통해 마음을 움직이는 것이 바로 기술이다. 개개인에게 결정적 영향을 주는 것이 무엇인지를 안다면 의지를 움직이는 열쇠를 얻은 것이나 마찬가지이다. 그 사람의 마음속 가장 근본적인 충동을 염탐하라. 그 충동은 대개 그의 천성 중 최고의 것이라기보다는 가장 저열한 것이다. 이제 그대는 우선 그의 마음을 주무르고 결정적인 한마디 말을 던지라. 그리고 마지막으로 그가 가장 좋아하는 것을 간파하여 결정적인 타격을 주라. 그러면 틀림없이 그의 자유의지가 그대의 뜻에 따르리라.

34

자신이 어떤 면에서 뛰어난지를 미리 알고 있어라. 어떤 재능이 가장 특출한지 알게 되면 이를 더욱 육성하고 그 밖의 재능도 보완하라. 그 어떤 일에서 탁월함을 보이는 사람은 자신의 장점을 알고 있는 것이다. 지적능력이 뛰어난 사람이 있는가 하면, 용기에 있어서 따를 자가 없는 이들도 있다. 그러나 대부분의 사람들은 자기의 타고난 능력을 방치하여 어떤 일에서도 탁월함을 발휘하지 못한다.

35

승리했을 때 행운으로부터 떠나라. 명성 있는 도박사들은 모두가 그렇게 한다. 멋진 후퇴는 대담한 공격만큼의 가치가 있다. 그대가 행한 바가 충분하고 결실이 있게 되면 안전을 도모하라. 오래 지속되는 행운은 언제나 의심스러운 것이다. 중단된 행운이 더 안전한 것이며 그 맛은 더 달콤하다. 행운은 은총이 너무 커지면 짧게 지속됨으로써 균형을 이룬다.

36

거부할 줄도 알라. 거부할 줄 아는 것은 인생의 위대한 규칙이다. 더욱 중요한 규칙은 사업이나 인간관계에서 거절할 줄 아는 것이다. 귀중한 시간을 좀먹는 기괴한 일들이 있다. 부적당한 일에 몰두하는 것은 아무 일도 안 하는 것만 못하다. 사려 깊은 자에겐 자신의 본분을 지키는 것만으로는 충분치 않다. 사려 깊은 자는 남이 자신에게 부당한 일을 강요할 수 없게도 해야 한다. 다른 모든 사람에게 속하면서 자신에게는 속하지 못하는 사람이 되지 마라. 마찬가지로 친구들을 이용하거나 그들이 용인하는 것 이상을 요구해서도 안 된다. 무엇이든 지나친 것은 잘못이며, 이는 특히 사람과의 관계에서 그렇다.

37

사물이 성숙되는 시점을 파악하여 한껏 누리라.

자연의 산물은 모두 그 완성의 정점에 이르는 법이다. 그 지점까지 성장하고 그 이후로는 쇠락한다. 그에 반해 완전성에 도달해 더 이상 개선의 여지가 없는 예술작품이란 별로 없다. 모든 사물을 그 완전성의 시점에서 향유할 줄 아는 것은 뛰어난 감식력이 지닌 장점이다. 누구나 이를 할 수 있는 것은 아니며, 향유할 줄 아는 사람도 그 순간을 모두 분간해내지는 못한다. 정신의 산물에 있어서도 그러한 성숙의 시점이 있다. 그 가치를 알고 활용하기 위해서는 그런 순간을 식별해내는 것이 중요하다.

38

남을 빈정거릴 줄 알라. 이것은 사람들과의 교제에서 가장 미묘한 문제이다. 빈정거리는 말은 종종 상대의 감정을 헤아리기 위해 내뱉어진다. 이를 통해 상대의 마음을 가장 은밀하게, 그리고 가장 효과적으로 탐색할 수 있다. 그러나 빈정거림에는 악의 있고 불손하며 시기심이라는 독에 감염되어 열정의 거품을 흘리는 것도 있다. 이런 종류의 가벼운 말 한마디에 타격을 받으면, 대중의 불만족과 개인의 악의가 결탁해서도 손쓰지 못했던 사람조차 모든 사람들로부터 신뢰를 잃게 된다. 그러나 어떤 종류의 빈정거림은 정반대의 효과를 가져와서 우리의 명성을 더욱 확고하게 해준다. 그러나 의도한 바를 얻어낼 수 있는 수완을 가지고서 그때그때의 상황을 보며 결과를 미리 예견할 수 있어야 한다. 왜냐하면 재앙의 가능성을 알아야 그것을 막을 수 있고 발사된 탄환은 과녁을 빗나갈 수 있기 때문이다.

39

사람들에게서 사랑을 받아라. 일반인들의 존경을 받는 것은 대단한 일이다. 그러나 그들의 사랑을 받는 것은 더욱 대단한 일이다. 자연의 은총은 모든 것을 좌우하지만 그보다 더 큰 역할을 하는 것이 노력이다. 자연의 은총이 초석을 놓아주면 인간의 노력은 일을 실행한다. 탁월한 능력은 전제되어 있어야 하지만 그것만으로는 충분치 않다. 사람들로부터 호의를 얻어라. 그러기 위해서는 먼저 친절을 베풀라. 성심껏 좋은 일을 하고 좋은 말을 하라. 그런 후엔 더욱더 좋은 일을 하라. 사랑받기 위해서 사랑하라. 정중함이란 위대한 사람들이 지닌 엄청난 정치적 마력이다. 그대의 손으로 먼저 일을 행하고 그런 후엔 펜을 염두에 두라. 어떤 작가가 그대에게 호감을 갖고 글을 쓸지 모르며, 이는 불멸의 것이 되기 때문이다.

40

위대한 인물들에게 공감하라. 영웅들에게 공감하는 것이 영웅들의 특성이다. 바로 이것이 자연이 보여주는 경이로움이다. 그것엔 비밀스러움뿐 아니라 유용함도 있기에. 마음과 기질에서 다른 이에게 친화감을 느끼게 하는 사람들이 있다. 그 친화감의 효과는 무지한 대중이 마약을 믿는 효과만큼 큰 것이다. 그것은 존경을 받는 데 그치지 않고 호의와 애정까지 얻게 된다. 그것은 말없이도 설득하고 노력 없이도 결실을 얻는다.

41

혐오감을 억제하라. 마음의 흐름은 가끔 혐오감을 품을 때가 있다. 심지어 상대의 성격을 잘 알기도 전에. 이 타고난 비천한 감정은 때로 아주 훌륭한 사람을 대상으로 삼으려 한다. 지혜는 이 감정을 다스린다. 왜냐하면 마음속에서 우리보다 현명한 자를 싫어하는 것보다 더 나쁜 것은 없기 때문이다.

42

타고난 지배력에 관하여. 그것은 은밀하게 작용하는 우월한 힘이다. 그것은 역겨운 술수에서 비롯되는 것이 아니라 경이로운 천성에서 나오는 것이다. 모든 사람은 자신도 모르게 이에 굴복하고 천부의 권위를 지닌 이 숨겨진 힘을 인정하게 된다. 이러한 힘을 가진 자는 진정한 왕이며 타고난 특권을 지닌 사자 같은 존재다. 이들이 일으키는 경외감은 모든 이의 마음과 생각을 사로잡는다. 그런 사람들에게 다른 능력도 부여된다면 그들은 국가를 움직일 지렛대로 태어난 것이다. 왜냐하면 그들은 다른 이들이 일장연설을 할 때 표정 하나로 더 큰 영향을 미친다.

43

예리한 시각과 판단. 이런 재능을 지닌 사람은 스스로가 사물을 지배하지 사물에 지배당하지 않는다. 그는 사람을 한번 보면 그 사람을 이해하고 가장 깊은 본질까지도 파악해낸다. 그는 예리하게 관찰하여 단순한 암시만으로도 깊디 깊은 내면의 모습을 이해한다. 그는 날카롭게 주시하고 철저하게 파악하며 올바르게 판단한다. 모든 것을 드러내고 주시하고 파악하며 이해한다.

44

소수처럼 생각하고, 다수처럼 말하라. 대세에 거슬러 움직이려 하면 오류를 저지르고 위험에 빠진다. 소크라테스 같은 사람만이 그런 일을 감행할 수 있었다. 사람들은 자신들의 의견에서 벗어나면 이를 모욕으로 간주한다. 그것이 터무니없는 판단의 저주로 보이기 때문이다. 진리는 소수를 위해 존재하며, 허위는 비속한 만큼 널리 퍼져있다. 장터에서 떠드는 자를 현자로 받들지는 않을 것이다. 그는 자신의 목소리로 말하는 것이 아니라 일반인의 우둔함을 대변하고 있는 것이다. 비록 그 자신은 내심 그것을 부정한다 하더라도. 지혜로운 자는 다른 사람을 쉽게 반박하지 않듯 자신이 반박 당하는 일도 피한다. 그는 질책의 마음을 가지고 있더라도 이를 쉽게 표현하지는 않는다. 생각은 자유다. 생각은 강요될 수 없으며 강요되어서도 안 된다. 그러므로 지혜로운 자는 침묵의 성전(聖殿)에 칩거한다. 그리고 이따금 소수의 분별 있는 사람들에게만 자신의 뜻을 드러낸다.

45

자신의 행운을 헤아려라. 행동하기 위해, 무엇인가에 관여하기 위해. 이것이 자신의 기질을 관찰하는 것보다 중요하다. 자신의 행운을 관리할 줄 아는 것은 중요한 기술이다. 때로는 기다리면서. 왜냐하면 기다리는 동안 행운이 무르익을 수 있으므로. 때로는 적절한 시기를 활용하면서. 왜냐하면 행운에는 때가 있고 기회는 언제나 오지 않으므로. 물론 행운의 걸음걸이는 불규칙하여 어디로 갈지 알 수 없다. 유리하다 생각되면 과감히 전진하라. 아름다운 여인이 청년을 사랑하듯 행운은 용기 있는 자를 사랑한다. 불운하다 생각되면 아무 일도 하지 말고 물러서라. 이미 그대 앞에 서 있는 불운이 동료들을 불러모으지 않도록.

46

임기응변에 능하여라. 어떤 이들은 너무 많은 생각을 하여 나중에 모든 일을 그르친다. 어떤 이들은 깊은 생각을 거치지 않고도 모든 것을 적중시킨다. 곤경에 처해서야 최고의 능력을 발휘하는 진짜 천재들도 있다. 그들은 모든 것을 즉흥적으로 처리하며 깊은 생각으로는 아무것도 할 수 없는 일종의 괴물들이다. 돌연히 떠오르는 착상이 없으면 그들은 아무것도 행하지 못한다.

47

명예를 둘러싼 송사를 피하라. 그것은 가장 조심해야 할 일 중의 하나이다. 명예관련 소송은 더 좋지 못한 일을 야기하며, 이때 명예는 아주 쉽게 상처입는다. 자기 자신의 성격 때문에, 또는 그가 속한 국민의 성격 때문에 쉽게 명예훼손 소송을 걸고 또 받아들여 이런 일에 말려드는 사람들이 있다. 그에 반해 이성의 빛을 받으며 거니는 자는 이런 일에 대해 더 오래 생각한다. 그는 이기는 것보다는 그 일에 연루되지 않는 것을 더 큰 용기라 생각한다. 나서기 잘하는 바보는 언제나 있기 마련이지만, 현명한 자는 나 아닌 다른 사람이 되고 싶지 않다는 변명으로 그런 일을 피한다.

48

약삭빠르되 이를 오용하지는 마라. 약삭빠름에 자만해서는 안 되며 이를 남에게 보여서도 안 된다. 모든 기교적인 것은 감추어져야 한다. 그렇지 않으면 의심을 받는다. 특히 예방책을 꾸미고 있을 때에 그것이 밝혀지면 미움을 받게 된다. 속임수는 쓸모가 크다. 쓸모가 큰 만큼 이것이 밝혀지면 의심은 두 배가 된다. 드러난 속임수는 불신을 야기하고 마음을 상하게 하며 복수를 불러오고 그 누구도 생각 못할 재앙을 가져온다.

49

결코 과장하지 마라. 최상급을 사용해 말하지 않는 것은 우리가 명심해야 할 원칙이다. 그래야만 진리를 손상하지 않고 우리의 분별력도 지킬 수 있다. 칭찬은 호기심을 일깨우고 욕망을 자극하지만, 으레 그렇듯 나중에는 가치와 대가가 서로 어긋나버린다. 그리하여 배반당한 기대는 그 허위를 적으로 삼으며, 찬양한 자와 찬양받은 자 모두를 하찮게 여겨 복수를 행한다. 과장은 거짓말과 가까운 사이이다. 과장으로 인해 사람들은 건전한 감식력을 지님으로써 얻게 된 중요한 명성을 잃게 되고, 그보다 더 중요한 분별력도 잃게 된다.

50

행복한 결말을 염두에 두라. 많은 이들은 기쁘게 목표에 도달하는 것보다는 수단의 정당성 여부에 더 큰 비중을 둔다. 그러나 솔직히 말한다면 언제나 실패의 치욕이 세심한 노력보다 두드러지기 마련이다. 승리한 자는 변명할 필요가 없다. 좋은 결말은 모든 것을 금으로 입힌다. 수단이 부적절한 것이었을 경우에도. 그런 까닭에 달리 행복한 결말에 도달할 수 없다면 때로는 예술의 규칙을 위반하는 것이 바로 예술인 것이다.

51

깊이 생각하라. 그리고 가장 중요한 문제에 대해 가장 많이 생각하라. 어리석은 자는 생각을 하지 않기 때문에 파멸한다. 그들은 사물 속에서 본질의 절반도 보지 못한다. 그들은 노력하지 않기에 자신의 결함이나 장점을 파악하지 못하며, 그 때문에 하찮은 일에 큰 가치를 두고 정작 중요한 일에는 작은 가치를 둔다. 언제나 그들의 저울에선 무게가 작은 것이 아래로 처진다. 애당초 분별력이 없기에 더 이상 잃을 게 없는 사람들도 많다. 현명한 사람은 매사에 차이는 두더라도 생각에 생각을 거듭한다. 그는 근본에 다다를 때까지 파고들며, 때로는 자신이 생각지 못한 것은 없는지도 생각한다. 그처럼 현명한 자의 생각은 우려가 사라질 때까지 계속된다.

52

자신에 대한 존경심을 잃지 마라. 그리고 스스로 비천하게 되지 마라. 우리 자신의 흠 없음이 우리 행실의 본보기가 되어야 한다. 그리고 우리 자신의 엄격한 판단이 그 모든 외적 규정보다 자신에게 더 많은 것을 할 수 있어야 한다. 부당한 일은 외부의 엄격한 권위가 아닌 자신의 판단이 두려워 단념해야 한다. 자신을 두려워해야 한다. 그러면 세네카가 말한 가상의 가정교사는 필요치 않을 것이다.

53

선택하는 것을 배워라. 삶의 대부분은 여기에 달려 있다. 선택할 수 있기 위해선 좋은 감식력과 올바른 판단이 필요하다. 학식이나 지성만으로는 충분치 않다. 선택이 없으면 완전성도 없다. 선택은 선택할 수 있는 능력을, 더욱이 최선의 것을 선택할 수 있음을 포함한다. 풍요롭고 노련한 정신과 예리한 분별력, 그리고 학식과 조심성을 지녔으면서도 선택에서는 실패하는 사람들이 많다. 그들은 오류를 범하기로 작정이라도 한 듯 매번 최악의 것을 움켜쥔다. 그러므로 선택할 줄 아는 것은 하늘이 내린 최고의 재능 중의 하나이다.

54

활동과 지성. 활동은 지성이 치밀하게 생각해낸 것을 완수한다. 경솔함은 어리석은 자의 속성이다. 어리석은 자들은 공격해야 할 때를 알지 못하며 사전 준비도 없이 달려들기 때문이다. 그에 반해 현명한 자는 주저함으로써 손해를 보기도 한다. 예견은 준비를 낳지만, 활동력의 결여는 때로 올바른 판단의 열매를 시들게 하기 때문이다. 신속함은 행운의 어머니이다. 그 어느 것도 내일로 미루지 않은 사람은 성공을 거두었다. 서둘되 서둘지 말라는 것은 진정 제왕의 좌우명이었다.

55

마음의 평정을 잃지 마라. 분노하지 않는 것은 중요한 지혜의 하나이다. 평정을 잃지 않는 사람은 마음이 큰 사람이다. 왜냐하면 모든 큰 것은 잘 움직이지 않기 때문이다. 그러니 자기 자신의 온전한 주인이 되라. 그리고 가장 큰 행복과 가장 큰 불행에서도 흥분을 보이지 않을 만큼 크게 되라. 오히려 그 행복과 불행에 초연하여 경탄을 야기하라.

56

불굴의 용기를 지녀라. 죽은 사자의 갈기는 토끼도 뜯을 수 있다. 용기의 문제는 익살을 부릴 일이 아니다. 그대가 한번 굴복하면 또 굴복하고 계속 굴복하게 된다. 이기기 위해 나중에 들인 노력을 처음부터 쓴다면 더 많은 것을 이룰 것이다. 정신의 용기는 육체의 힘을 능가한다. 그것은 인격을 지켜주는 것이다. 정신의 약함은 육체의 약함보다 더 많은 것을 그르친다. 비범한 재능을 가진 많은 이들도 용기가 없기에 죽은 이처럼 살며 활동 한번 제대로 못하고 삶을 마감한다. 육체는 근육과 뼈를 가지고 있다. 그처럼 정신도 한갓 무른 마음만은 아닌 것이다.

57

깊은 생각을 거친 것이 보다 확실하다. 생각을 깊게 오래 해도 결과가 좋으면 충분히 빠른 것이다. 즉석에서 행해진 일은 다시 즉석에서 파기될 수도 있다. 그러나 영원히 지속되는 것은 그것이 생성되기 위해 영원을 필요로 한다. 지성과 철저성은 불멸의 작품을 만든다. 가치가 큰 것은 대가도 크다.

58

기다릴 줄 알라. 성급함에 밀리지 않고 정열을 잠재울 줄 알 때 인내의 위대한 정신이 드러난다. 무엇보다 그대 자신의 주인이 되라. 그러면 다른 것도 지배하게 될 것이다. 길고 긴 시간을 거쳐야만 그대는 사물의 중심에 도달한다. 여기 위대한 말 한마디가 있다. "시간과 나는 또 다른 시간 그리고 또 다른 나와 겨루고 있다." *

* 원주 : 이것은 스페인 왕 필립 2세가 한 말로 전해진다.

59

끝을 생각하라. 환호의 현관을 지나 행복의 방으로 들어선 자는 다시 비탄을 통과하여 집 밖으로 나온다. 아니면 그 반대이거나. 그러므로 그대는 끝을 생각하여야 하며 등장할 때의 갈채보다는 행복한 퇴장을 더 염두에 두어야 한다. 등장할 때의 일반적인 갈채 소리는 중요한 것이 아니다. 그것은 누구에게라도 일어날 수 있는 일이다. 중요한 것은 우리가 물러날 때 일반인들이 느끼는 감정이다. 어떤 일이 다시 소망된다는 것은 드문 일이며, 나가는 문지방까지 행운과 함께 한 사람은 거의 없기 때문이다. 등장하는 사람에게 환영이 일반적이듯 퇴장하는 사람은 경멸받기 쉽다.

60

자기 자신을 조절하라. 모든 이에게 동일한 방식으로 그대의 지성을 내보이지 마라. 그리고 필요 이상의 힘을 들이지도 마라. 그 무엇도 낭비되어서는 안 된다. 지식도 행위도. 그렇지 않으면 아무도 미래에 그대에게 경탄하지 않을 것이다. 날마다 더욱 큰 것을 보여주는 사람만이 기대를 지속시키며, 그의 위대한 능력의 한계가 결코 드러나지 않을 것이다.

61

좋은 도구를 사용하라. 재상의 탁월함이 군주의 위대함을 손상시키는 것은 아니다. 오히려 성공에 따른 명성은 언제나 그 주요 원인에로 돌아가며, 그 반대로 비난의 경우에도 마찬가지이다. 명성의 여신 파마는 언제나 중요한 인물의 편에 선다. 여신은 이 사람은 좋은 신하, 저 사람은 나쁜 신하라고 말하지 않는다. 그녀는 이 사람은 좋은 예술가, 저 사람은 좋지 못한 예술가였다고 말할 뿐이다.

62

최고들 중에서 최고가 되라. 위대한 인물이란 어떤 일에선가 모든 이를 능가하는 사람이다. 평범함이란 경탄의 대상이 될 수 없다. 최고의 직업에서 최고의 탁월함을 보이는 것만이 우리를 평범에서 끌어올려 탁월한 소수에 포함시킨다. 하찮은 직업에서 뛰어나다는 것은 하찮은 것 안의 무엇임을 뜻한다. 그러한 우월함도 좋은 기분을 갖게 하지만 명성은 갉아먹는다. 최고의 부류 안에서 최고의 것을 행한다는 것은 우리에게 흡사 군주(君主)의 지위를 부여하는 것과 같다. 그럴 때 우리는 경탄을 자아내고 대중의 마음을 사로잡는다.

63

건전한 판단. 태어날 때부터 현명한 사람들이 있다. 그런 사람들에게는 성공에 이르는 길이 절반은 마련된 것이다. 연륜과 경험을 통해 이성이 완전히 성숙하면 이들은 확실하고 올바른 판단에 이를 것이다. 이들은 모든 종류의 고집스런 변덕을 지혜의 유혹자로 여기며 혐오한다. 특히 그 중요성 때문에 완전한 확실성이 요구되는 국사(國事)에 있어서는.

64

어떤 일에서든 1인자가 된다는 것은 큰 명성을 가져온다. 그리고 탁월함이 더해진다면 명성은 두 배가 될 것이다. 많은 사람들이 자신의 직업에서 더 앞선 자가 없었다면 그 직업의 불사조가 되었을 것이다. 어떤 일에서든 1인자는 명성을 얻고 그 일을 떠나며, 나머지 사람들은 그들이 무엇을 하려 하든 모방자라는 씁쓸한 오욕을 씻어내지 못한다. 그러므로 많은 이들은 최고의 부류에서 2인자가 되기보다는 차라리 더 낮은 부류에서 1인자가 되기를 택한다.

65

농담을 일삼지는 마라. 한 사람의 지성은 진지함에서 드러나며, 진지함은 재치보다 더 많은 영예를 가져온다. 언제나 농담만 지껄이는 사람은 진지한 일에 적합지 못하다. 그는 거짓말쟁이와 같은 취급을 받는다. 거짓말과 농담에서는 진실을 알 수 없기에 둘 다 믿을 수 없는 것이다. 분별 없는 말을 너무 많이 하면 진지하게 말할 때도 사람들은 알지 못한다. 항시 익살꾼의 역할을 하는 것보다 더 부적당한 것은 없다. 많은 이들은 지혜로운 자라는 믿음 대신 재치 있는 자라는 평판을 얻고자 한다. 한순간 농담을 하더라도 대부분의 시간은 진지함으로 돌리라.

66

재앙과 불쾌한 일을 피하라. 그것은 보답이 따르는 지혜이다. 나쁜 소식은 전하지 말 것이며, 더욱이 그것을 받아들이지도 마라. 도움되는 일이 아니라면 그것이 들어오는 것을 거부해야 한다. 어떤 이들은 아첨의 달콤함만을 듣기 좋아하며, 또 어떤 이들은 비방의 씁쓸함에만 집착한다. 그리고 많은 이들은 매일 화나는 일이 없으면 살지 못한다. 독이 없으면 살 수 없었던 미트리다트 왕*처럼. 마찬가지로 어떤 가까운 사람을 기쁘게 하느라 일생 내내 슬픔의 씨앗을 품고 사는 것은 자기보존의 법칙이라 할 수 없다. 충고를 구하고는 나 몰라라 빠져나가는 사람을 위해 그대 자신의 행복을 희생하지는 마라. 다른 이에게는 기쁨을, 자신에게는 고통을 주라는 규칙이 들어맞는 경우도 있다. 그러나 그대가 나중에 도움 없이 지내는 것보다는 지금 다른 이가 슬퍼하는 것이 더 나은 것이다.

* 미트리다트 왕 : 기원전 2세기 그리스의 왕. 매일 조금씩 독을 섭취함으로써 독에 대한 면역을 몸 안에 얻었다고 함.

67

고상한 취미. 그것은 지성과 마찬가지로 교양을 쌓아 획득될 수 있다. 드높은 정신은 취미의 숭고함에서 드러난다. 위대한 대상은 위대한 능력을 보여주는 것이므로. 큰 입에 큰 음식이 맞듯 숭고한 사물은 숭고한 정신에 걸맞은 것이다. 그 정신의 판단 앞에서는 가장 탁월한 대상도 두려움에 떨며 가장 확실한 완전성도 자신감을 잃는다. 진정으로 탁월한 것은 적으며, 따라서 절대적으로 높은 평가도 드물다. 취미는 사람들과의 지속적인 사귐을 통해 점차로 가꾸어질 수 있다. 그러므로 건전한 취미를 가진 사람과 교유하는 것은 특별한 행운이다. 그렇다고 매사에 불평하며 까다롭게 굴지는 마라. 그러한 극단에 흐르는 것은 최고의 어리석음이며, 짐짓 있는 체하는 것은 불협화음을 듣는 것보다 더 혐오스러운 일이다.

68

일시적으로 비루한 생각에 자신을 내맡기지 마라. 기이한 인상에 매료되지 않는 자가 위대한 자이다. 자기 자신에 대한 관찰은 지혜를 낳는다. 자기개선의 출발점은 자기인식에 있다. 조화로운 마음을 갖지 못한 기이한 인간들도 있다. 그들은 언제나 변덕스러우며 좋아하는 것도 수시로 바뀐다. 이러한 방종한 성벽은 의지만을 손상하는 것이 아니라 분별력마저 흐트러뜨린다. 의지와 인식이 그로 인해 뒤틀리는 것이다.

69

무시해 버릴 줄 알아야 한다. 현명한 사람들은 그렇게 하여 복잡한 일에 말려들지 않는다. 점잖게 슬쩍 등을 돌림으로써 종종 그들은 복잡한 미로(迷路)에서 벗어난다. 곤란한 분쟁의 한가운데로부터 노련하게 미소지으며 빠져나오는 것이다. 무엇인가를 거절해야 할 때 화제를 다른 것으로 돌리는 것은 예의바른 술책이다. 그리고 아무것도 못 알아들은 척하는 것보다 더 교묘한 술책은 없다.

70

환영받는 직위를 택하라. 대부분의 일은 사람들의 호의에 의해 좌우된다. 서풍이 불어야 꽃이 피듯 재능의 발휘에는 진가의 인정이 필요하다. 호흡과 생존의 관계처럼. 일반인의 찬동을 불러일으키는 직위와 직업이 있다. 그러나 더 중요한데도 불구하고 명성을 누리지 못하는 일도 있다. 전자는 모든 이의 눈앞에서 행해지기에 호의를 얻고, 후자는 눈에 띄지 않고 그 자체로 가치 있기에 주목받지 못한다. 존경은 받지만 갈채는 따르지 않는 것이다. 제후들 중에서는 승리한 자들이 명성을 누린다. 바로 그렇기에 아라곤의 왕들은 전사(戰士), 정복자, 위대한 사나이로서 이름을 드높인 것이다. 재능 있는 자는 모든 이의 눈에 띄고 그 영향이 모든 이에게 미치는 찬양받는 직위를 택한다. 그럴 때 대중의 목소리는 그에게 불멸의 명성을 안겨 준다.

71

돌과 같은 마음이 되지 마라. 사람들이 모여 사는 곳에는 진짜 야수들이 살고 있다. 쉽게 접근하기 어려운 태도를 취하는 것은 자신을 오인한 데서 비롯되는 잘못이다. 사람들은 지위에 따라서 성격을 바꾼다. 그러나 모든 사람들을 화나게 하는 것은 일반인들의 존경을 받는 적절한 방식이 아니다. 언제나 오만하고 비인간적인 태도를 취하는 무뚝뚝한 괴물의 모습은 그야말로 꼴불견이다. 가혹한 운명에 괴로워하며 조언을 구하고자 달려온 이는 마치 호랑이와 싸울 때처럼 두려움에 떨며 아주 조심스럽게 그에게 다가간다. 오만한 자라 할지라도 지금의 지위를 얻을 때까지는 모든 이에게 호감을 사는 방법을 알고 있었을 것이다. 그러나 이제 그 지위를 얻게 되자 모든 이에게 미움을 받아 그에 대한 보상을 하려 한다. 그런 관직에 있는 자는 모든 이를 위해 존재해야 하는데도 거만함과 자만심으로 인해 안하무인이 된다. 그런 사람을 길들이는 좋은 방법은 그와 교제를 끊고 그렇게 하여 그 교활함도 무시해 버리는 것이다.

72

물리칠 줄도 알아야 한다. 모든 이에게 모든 것을 용인해서는 안 된다. 거절할 줄 아는 것은 승낙할 줄 아는 것만큼 중요하다. 한 사람의 '아니오'는 많은 다른 사람의 '예'보다 더 높이 평가된다. 왜냐하면 금빛 찬란한 거절이 보잘것없는 승낙보다 더 많은 것을 충족시키기 때문이다. 물론 언제나 거절만을 일삼는 사람들도 많다. 그렇게 하여 그들은 사람들의 모든 것을 앗아간다. 그런 이들에겐 거절이야말로 최고의 원칙인 것이다. 혹 그들이 나중에 모든 것을 허락해도 사람들은 그것을 인정하지 않는다. 애초의 소행이 모든 것을 망쳐놓았기 때문이다. 그 어떤 일도 즉석에서 물리쳐서는 안 된다. 그보다는 간청하는 사람이 점차 자기기만에서 벗어나게 하라. 또한 그 무엇을 결코 완전하게 거절해서도 안 된다. 그리되면 그 사람은 그대에 대한 의존에서 벗어난다. 거절당함의 씁쓸함을 견딜 수 있도록 언제나 약간의 희망은 심어줘라. 마지막으로, 호의가 빠져버린 빈 공간을 정중함으로 메워라. 승낙이나 거절의 말은 빨리 하되 언제나 오랜 생각을 거친 후에 하라.

73

결단성 있는 사람이 되라. 우유부단함만큼 일을 크게 그르치는 것도 없다. 어떤 일에서든 결정을 못 내리는 사람들이 있다. 그들은 언제나 외부의 자극이 있어야 움직인다. 그리고 때때로 이것은 판단력의 혼란에서뿐만 아니라(오히려 판단은 명확할 때가 많다) 행동력의 부족에서 비롯된다. 어려움을 발견하는 것은 명민함이다. 그러나 그 어려움에서 출구를 찾아내는 것은 더 큰 명민함이다. 그 반대로 어떤 일에서도 주저하지 않는 사람들이 있다. 그들은 언제나 즉석에서 모든 일을 처리한다. 따라서 세상 사람들에게 자신의 판단을 말하고 나면 그들에겐 언제나 두 번째 일을 처리할 시간이 남아 있다. 그들이 운 좋게 계약금을 받기라도 하면 더욱 자신 있어 하며 사업에 뛰어드는 것이다.

74

기억력보다는 분별력을 중시하라. 어떤 일에선 기억력만으로 족하지만 또 어떤 일에선 분별력이 더 중요하다. 많은 이들이 적시(適時)에 다가온 일을 놓쳐 버린다. 그것은 그 일이 그들 눈에 보이지 않기 때문이다. 모든 것이 지나가고 나서야 그들은 친구의 도움으로 그 흔적만을 둘러보게 될 뿐이다. 가장 훌륭한 정신적 능력의 하나는 보이는 것들에서 무엇이 긴급한 것인지를 파악하는 능력이다. 그것이 없었기 때문에 성공했을 수도 있을 많은 것들을 놓쳐 버린다. 그 능력을 가진 자는 빛을 전하고 그것을 필요로 하는 자는 구하라. 전자는 신중하게 후자는 주의 깊게. 좌우명은 오직 다음의 말뿐이다. 무언가를 깨닫기 위해선 이러한 섬세한 정신이 있어야 한다. 자신의 의욕을 보이고, 더 많은 것이 요구된다면 전진하라. 지금 아무것도 없다면 그 무언가를 찾아 보라. 노련하게. 대부분의 것들은 시도조차 없었기에 불필요한 채로 남는 것이다.

75

끝장을 보려하지 마라. 나쁜 일에서든 좋은 일에서든. 극단적인 정의는 불의가 될 수 있다. 오렌지를 너무 짜면 쓴맛밖에 남지 않는다. 즐거운 일도 극단까지는 가지 마라. 정신조차 극도의 긴장이 오면 둔감해지기 마련이다. 잔인하게 쥐어짜면 우유가 아니라 피가 나온다.

76

자신을 알라. 그대 자신을 알기 전에는 그대 자신의 주인이 될 수 없다. 어떤 일을 하기 위해선 분별력과 정교함의 재능을 배워 익혀라. 협상을 하기 전에 그대의 용기를 시험하라. 그대의 깊이를 헤아리고 모든 일에 대해 얼마만큼의 능력을 발휘할 수 있는지 생각해 보라.

77

영웅적인 인물을 본보기로 삼아라. 그리고 그를 모방하기보다는 그와 경쟁하라. 명예를 가르치는 살아있는 귀감, 바로 위대한 인물들이 존재한다. 누구나 자신의 직업에서 위대한 사람을 떠올려 모범으로 삼고 자극을 받을 수 있다. 알렉산더 대왕은 땅에 묻힌 아킬레스를 위해 운 것이 아니라 아직 그 명성이 세상에 알려지지 않은 자기 자신을 위해 울었다. 다른 이의 명성을 알리는 나팔소리보다 마음속의 명예욕을 더 자극하는 것은 없다. 시기심을 버리는 것이야말로 마음을 고귀하게 만드는 것이다.

78

사업에서의 기교. 어리석음은 언제나 단도직입적이다. 어리석은 자는 원래가 무모하기 때문이다. 이런 단순성으로 인해 그는 예방책을 생각지 못하고 나중에 실패했다는 비난에도 무감각하게 된다. 무모한 자들은 모두 제 꾀에 제가 넘어간다. 간혹 행운이 따르는 경우도 있지만, 더 깊은 수렁이 우려되는 곳에서는 신중하게 나아가야 한다. 지혜로움은 탐색하며 전진한다. 신중함이 점차 근거를 획득할 때까지. 오늘날 사람들과의 교제에서는 거대한 함정들이 존재한다. 그러니 한 걸음 내디딜 때마다 미리 깊이를 측정하라.

79

유쾌한 기분. 절제만 할 수 있다면 이는 결점이 아니라 재능이다. 위대한 사람도 때로는 농담을 하며, 그렇게 하여 모든 이의 사랑을 받는다. 그러나 그럴 때도 지혜와 품위에 대한 존중은 잃지 않는다. 어떤 이들은 농담 한마디로 간단히 귀찮은 일에서 벗어난다. 농담으로 받아넘길 일도 있기 때문이다. 때로는 다른 이들이 가장 진지하게 생각하는 것이 농담이 되기도 한다. 그렇게 온화함을 보이면 다른 이들의 마음을 끌 수 있다.

80

행복할 때는 불행을 생각하라. 행복할 때는 호의를 얻기 쉬우며 우정도 넘쳐흐른다. 불행할 때를 대비하여 행복을 저장해두는 것이 현명하다. 불행할 때는 행복이 더 귀중하고 모든 일에서 아쉬운 법이다. 그러니 우정을 쌓고 보답 받을 일을 남겨둬라. 지금은 존중받지 못하는 것이 언젠가는 높이 평가될 수도 있기 때문이다. 비루한 영혼의 소유자는 행복할 때 친구를 두지 않는다. 그러나 지금 친구들이 그를 모른다면 불행할 때도 알 수가 없을 것이다.

81

정보에 유의하라. 우리는 주로 정보에 의지하여 산다. 우리가 보는 것은 극히 적은 것에 불과하다. 우리의 삶은 정직과 믿음에 근거하는 것이다. 그러나 우리의 귀는 진리의 곁문이고 거짓이 들어서는 대문이다. 진리는 대부분 눈으로 보는 것이며 귀로 듣는 경우는 극히 드물다. 진리가 우리에게 왜곡되지 않고 순수하게 다다르는 적은 별로 없다. 오는 길이 멀다면 더욱 그렇다. 진리는 우리에게 오는 동안 감정의 혼합물과 섞인다. 열정은 손이 닿는 모든 것을 자신의 색으로 칠한다. 그것은 항상 어떤 인상을 심어준다. 그러므로 자신을 칭찬하는 자에겐 조심스레 귀를 기울이고 질책하는 자에겐 더욱 조심하라. 이 점에선 우리의 모든 주의력이 요구되는 바, 그것은 전달하는 자의 의도를 밝혀내어 그가 몇 발자국 더 앞설지를 미리 알기 위함이다.

82

고른 성품을 지녀라. 그대의 태도에서 모순을 보이지 마라. 기질에서든 행동에서든. 분별 있는 사람은 언제나 그대로이며 자신의 완전성 속에 자리잡고 있다. 그리고 그 때문에 사려 깊다는 평판을 듣는다. 그에게 있어 변화라는 것은 외부의 원인에 의해서나 아니면 다른 사람들 때문에 일어난다. 지혜에 관계된 문제에서 변덕이라는 것은 추잡한 것이다. 하루가 멀다하고 변덕을 부리는 사람들이 있다. 어제는 '그렇다' 하며 흰색을 내보였다가 오늘은 '아니다' 하고 검은색을 내보이는 것이다. 그렇게 하여 그들은 점차 신용과 명망을 잃게 되고 다른 사람들을 혼란스럽게 한다.

83

그대의 광휘(光輝)를 새롭게 하라. 그것은 불사조의 특권이다. 탁월함은 쇠퇴하기 마련이며 명성도 그렇다. 쇠락한 탁월함은 새로운 평범함에 밀려나기도 한다. 그러므로 그대는 용기와 재능과 행운, 그 모든 것을 재생시켜라. 새롭게 빛나는 일로 등장하여 태양처럼 다시 떠올라 그대의 광휘가 비출 무대도 바꾸어라. 그리하여 그 희귀함으로 열망을 일깨우고 그 새로움으로 찬사를 불러오라.

84

용서할 만한 잘못은 스스로 받아들여라. 태만함은 때로 재능 있는 자에게 가장 권할 만한 일이다. 천박하고 억센 시기심은 재능 있는 자를 박해한다. 완전함은 결함이 없다는 이유로 시기심의 미움을 사고 완전함의 죄목으로 단죄된다. 비난은 언제나 최고의 업적을 번개처럼 강타한다. 그렇기에 호머도 때론 잠을 잤으며, 재능이나 용기에서 짐짓 태만을 가장한 사람들도 있다. 그러나 지혜에서는 결코 태만하지 마라. 그리하여 악의를 잠재우고 독소가 터져나오지 않게 하라. 불멸을 지키기 위해 시기심의 황소에게 망토를 던져라.

85

적을 이용하라. 모든 것을 이용할 줄 알아야 한다. 그대를 다치게 할 칼날을 잡지 마라. 칼자루를 쥐어 그대 자신을 보호하라. 허나 그보다는 적을 움직여 이기라. 현명한 자에겐 벗의 어리석음보다 적의 어리석음이 더 쓸모 있다. 악의는 종종 호의가 감당할 수 없던 어려움의 산을 깎아낸다. 증오보다 더 위험한 것은 아첨이다. 증오는 결함을 없애려 하나 아첨은 이를 감추려 하기 때문에. 현명한 자는 남의 원한에서 자신을 바라볼 거울을 찾아낸다. 그것은 호의보다 충실하다. 그것을 이용하여 험담을 막아내고 결함을 개선하라.

86

팔방미인이 되려 하지 마라. 모든 탁월함의 결함은 자신을 과용한 결과 오용에 이르는 데에 있다. 팔방미인이 되려는 노력은 결국 모든 이의 역겨움을 산다. 아무런 쓸모도 없다는 것은 커다란 불행이다. 그러나 매사에 쓸모 있는 사람이 되려는 것은 더 큰 불행을 낳는다. 그런 사람들은 너무 많은 것을 얻은 결과 잃게 되고, 처음에 그를 원하던 모든 이의 미움을 사게 된다. 팔방미인은 모든 능력을 탕진하여 결국엔 귀한 사람으로 존중받는 게 아니라 천한 사람이라 멸시를 받는다. 그러한 극단을 피하는 유일한 방책은 영광을 누릴 때 절제할 줄 아는 것이다. 완전함에도 지나침은 있는 것이니 그것을 표현할 때에는 절제를 지켜라. 자기표현을 아끼면 더 높은 평판을 얻게 된다.

87

험담의 대상이 되지 않도록 유의하라. 대중에게는 많은 머리가 있고 따라서 시기하는 눈과 모욕하는 혀도 많다. 대중 사이에서 험담이 돌게 되면 가장 명망 있는 자가 고통을 당한다. 그가 천박한 별명으로 불리면 그의 명예는 땅에 떨어진다. 이렇게 되는 것은 대개 어쩌지 못할 궁지에 몰리거나 우스운 잘못을 저지르는 등 구설수에 오를 일을 했을 때이다. 그러나 때로는 한 개인의 술책이 일반인의 험담을 불러일으키기도 한다. 언제나 중상하는 자들은 있는 것이며, 이들은 익살 한마디로 공공연한 비난보다 더 빨리 명성을 깎아낼 수 있기 때문이다. 나쁜 명성은 쉽게 얻는다. 왜냐하면 나쁜 것은 더 믿을 만해 보이기 때문이다. 그러나 치욕을 씻기는 어렵다. 그러므로 현명한 자는 군중의 파렴치함에 언제나 주의한다. 시정하는 것보다는 예방하는 것이 더 쉽기 때문이다.

88

교육과 우아함. 인간은 야만인으로 태어나며 교육을 통해서만 야성에서 벗어날 수 있다. 교육은 인간을 만들며, 교육을 받을수록 인간다워진다. 그 때문에 그리스는 다른 모든 세계를 야만이라 부를 수 있었다. 지식보다 더 많은 것을 이루는 것은 없다. 그러나 우아함이 없는 지식은 조잡하고 거칠다. 지식만이 아니라 의지와 말도 우아함을 잃지 않아야 한다. 생각과 말, 그리고 몸을 가꾸는 데에서 우아하며, 내적으로나 외적으로 모두 고상한 사람들이 있다. 정신의 재능이 열매라면 우아함은 나무껍질과 같은 것이다. 그러나 너무도 거칠어서 자신이 지닌 탁월함조차 참을 수 없는 야만성으로 바꾸어버리는 사람들도 있다.

89

모든 사람에게 적응할 줄 알아야 한다. 학식 있는 사람에게는 학식 있게, 성스러운 사람에게는 성스럽게. 일치감을 보이면 호의를 얻기 때문이다. 사람들의 기분을 관찰하고 자신의 마음을 그때그때 조율하라. 다른 이에게 기대야 하는 사람에겐 이런 기술이 특히 필요하다. 그러나 기술이 노련하기 위해선 많은 재능이 필요하다. 지식과 취미가 다방면인 사람에겐 적응하는 어려움이 줄어든다.

90

선하게 사는 것이 오래 사는 방법이다. 생명을 단축시키는 것엔 두 가지가 있다. 그것은 어리석음과 방탕함이다. 어리석음은 생명을 지킬 분별력이 없고 방탕함은 의지가 없기 때문이다. 미덕에는 보답이 따르듯 악덕에는 징벌이 따른다. 악덕에 열중하는 자는 오래 살지 못하며, 미덕에 열중하는 자는 결코 죽지 않는다. 영혼에 흠이 없으면 육체도 건강하다. 선하게 영위된 삶은 내적으로나 외적으로나 장구하게 지속된다.

91

일에 의혹이 들 때는 분별없이 덤비지 마라. 일을 하는 자가 실패에 대한 자그마한 근심만 보여도 그것을 지켜보는 자는 이미 실패를 확신한다. 특히 그가 경쟁자인 경우에는 더하다. 일의 첫머리부터 판단력이 의심되면, 이후 열정을 잃은 상태에선 어리석은 자라는 공공연한 저주의 소리를 듣게 될 것이다. 의혹이 앞서는 행동은 위험하며 중단하는 것이 더 안전하다. 지혜는 결코 추정과 한통속이 되지 않는다. 사업계획에서 이미 우려가 나타난다면 사업이 어찌 성공하겠는가? 우리의 내면에서 심사숙고하여 내린 결정도 때로 불행한 결과를 얻곤 한다. 그렇다면 동요하는 이성과 잘못 예측하는 판단력이 어떤 결과를 얻을지는 불을 보듯 뻔한 일이다.

92

보편성을 획득하라. 모든 일에 뛰어난 능력을 지닌 사람은 많은 일에 적합하다. 그는 교제하는 사람들에게 완전함의 즐거움을 전함으로써 삶을 아름답게 한다. 다양한 능력은 최고의 즐거움을 보장한다. 모든 좋은 것을 습득하는 것은 훌륭한 예술이다. 자연이 인간을 끌어올려 전체 피조물의 집약체로 만들었듯이 예술도 지성과 취미를 훈육하여 인간을 하나의 소우주로 만든다.

93

보다 예리한 분별력을 지녀라. 모든 일에서. 이는 행동하고 말할 때 제일 우선시해야 할 원칙이다. 그리고 지위가 높아질수록 반드시 필요한 원칙은 한 줌의 지혜가 백 파운드의 재치보다 낫다는 것이다. 지혜만 있다면 갈채를 받지 않고도 안전하게 걸을 수 있다. 지혜롭다는 평판은 명성의 승리이다. 지혜로운 자라면 자기 판단이 성공한 행위의 귀감이 된다는 것에 만족하라.

94

사랑받고 호의를 얻어라. 다른 사람의 마음에 들어 자신에게 호의를 갖게 해야 한다. 어떤 사람들은 자신의 가치만을 믿고 다른 사람의 호의를 등한시한다. 그러나 경험 있는 자는 호의의 도움 없이 일을 이루는 길이 멀디 먼 것임을 잘 안다. 모든 것은 다른 사람의 호의를 얻을 때 쉬워지고 완전해진다. 언제나 용기, 솔직성, 학식, 그리고 지혜와 같은 훌륭한 재능이 미리 마련되어 있는 것은 아니다. 물론 그러한 것들은 타고난 것으로 간주된다. 그러나 호의는 그대가 추한 잘못을 범하더라도 그것을 보려 하지 않는다. 호의는 서로 화합하는 마음에서 생겨난다. 화합이란 대개는 기질, 민족, 친척, 조국, 그리고 관직과 같은 물질적인 것에서 생겨난다. 그러나 정신적인 화합은 더 높은 것이다. 그것은 재능, 책임, 명성, 공적 같은 데서 생기는 것이다.

95

친구를 가져라. 친구는 제2의 삶이다. 어떤 친구이든 그대에겐 도움이 된다. 그리고 친구들 사이에 있으면 매사가 잘 풀린다. 친구란 그가 누구이든 어느 만큼의 가치는 있는 것이다. 다른 이가 그대를 친구로 여기도록 하려면 그의 마음을 사로잡아 그의 혀를 얻어야 한다. 호의를 보이는 것보다 더 강력한 마법은 없다. 그리고 친구를 얻기 위해서는 스스로 친구가 되는 것이 최선의 방책이다. 우리가 갖게 되는 대부분의 것, 그리고 최고의 것은 다른 이들에 의해 좌우된다. 우리는 친구들 사이에서 살거나 아니면 적들 사이에서 살거나 둘 중의 하나이다. 그러니 매일 친구 하나를 얻으려 하라. 그러나 까다로운 친구보다는 호의적인 친구를 사귀어라. 그들 중의 몇몇은 그대의 선택을 거친 후에 신뢰할 수 있는 자로 머물 것이다.

96

헤아릴 수 없는 능력. 모든 이의 존경을 받고자 한다면 자신의 지식과 능력을 전부 다 헤아릴 수 없게 하라. 지혜로운 자는 자신을 알게는 하지만 자신을 헤아릴 수는 없게 한다. 그 누구도 그의 능력의 한계를 알아서는 안 된다. 실망할 위험성이 있기 때문이다. 재능이 어느 정도이든 정확히 아는 것보다는 추측과 의심을 갖게 하는 것이 더 큰 숭배를 불러일으킨다.

97

자신의 보호자가 되라. 인생의 모든 행위는 그 결과에 달렸다. 그런 능력은 모든 일에 필요하다. 모든 일은 분별력 있게 처리되어야 하기 때문이다. 자신을 보호한다는 것은 이성에 걸맞은 모든 것에 대한 자연스런 애착이다. 그 애착은 모든 경우에 가장 올바른 것을 포착할 수 있게 한다.

98

다양한 분야의 일을 모색해보라. 다양한 분야를 아는 것은 대단한 지식이며, 여기에는 주의력이 요구된다. 어떤 일에는 용기가 필요하고 어떤 일에는 예리한 지성이 요구된다. 공정함이 좌우되는 일은 처리하기 비교적 쉬우며, 노련함이 요구되는 일은 어렵다. 사람을 통제하는 일은 노력이 많이 든다. 특히 그 사람이 바보나 어리석은 자일 경우에는. 분별력이 없는 자를 다스리는 일에는 곱절의 분별력이 필요하다. 제한된 시간과 정해진 재료를 주고 모든 능력을 요구하는 일은 견딜 수 없는 것이다. 종속됨이 없거나 종속됨이 작은 일이 바람직하다. 무엇보다 나쁜 것은 죽어라하고 땀만 흘리다 끝나는 일이다.

99

세상의 절반은 다른 절반을 비웃는다. 그리고 양쪽 다 바보이다. 어디에 찬성하느냐에 따라 모든 것이 옳기도 하고 모든 것이 그르기도 하다. 모든 것을 자신의 생각대로 처리하는 자는 못 말릴 바보이다. 그는 두뇌보다는 감각, 그것도 다양한 감각을 사용할 뿐이다. 어떠한 결함이라도 그것을 좋아하는 사람은 있기 마련이다. 또한 우리 일이 일부 사람의 기분을 거스르더라도 용기를 잃지 마라. 그것을 평가할 줄 아는 사람도 있기 때문이다. 그러나 이들의 찬사에도 우쭐해 하지는 마라. 배척하는 누군가는 다시 나타난다. 명망 있는 자 가운데 발언권을 가진 자만이 진정 만족스런 찬사를 보낼 수 있다. 우리는 일시적 찬사나 백 년도 못 갈 찬사를 위해 사는 것은 아니다.

100

선입견 없는 사람이 되라. 현명한 기독교도, 철학의 신하가 되라. 그러나 그렇게만 보이지는 말며, 더욱이 짐짓 꾸미지는 마라. 철학은 이제 명성을 잃었다. 그러나 그것은 지혜로운 자가 다룰 최고의 일이다. 사상가의 학문은 모든 존경심을 잃었다. 이제는 부정함이 공경을 누린다. 그러나 허위의 폭로는 언제나 생각하는 정신의 자양분이었으며 정의가 누리는 기쁨이었다.

101

나름의 위엄을 지녀라. 그대가 제왕이 아니더라도 그대의 모든 행동은 그 분야에서 제왕다워야 하며, 신분과 직업의 한계 내에서 군주다워야 한다. 그대의 행동을 숭고하게 하라. 그대의 생각을 드높게 하라. 그리고 그대가 하는 모든 일에서 제왕의 공적을 쌓아라. 권력은 갖지 못하더라도. 진정 제왕다움은 흠 없는 도덕성이다. 그리고 위대함을 추구하는 사람은 위대함을 시기해선 안 된다.

102

배짱으로 숭고함을 얻어라. 위대한 사람은 행동을 할 때 소심해서는 안 된다. 일을 할 때에 너무 작은 것에 매달려서는 안 되며, 특히 불쾌한 일에서는 그렇다. 매사에 그때그때 주의하는 것은 장점이지만 의도적으로 모든 것을 따지려드는 것은 장점이 아니기 때문이다. 보통 때는 관대함을 보여 고상한 품위를 유지하라. 다른 사람을 다룰 때 중요한 것은 눈감을 줄도 아는 것이다. 친척과 친구, 특히 적들 사이에 있을 때에는 대부분의 일을 못 본 체하며 지나쳐라. 자잘한 일에 틈만 나면 관여하는 것은 미친 짓의 하나이다.

103

행복을 한 입 크게 물려면 소화할 수 있는 위장을 지녀라. 커다란 행운은 그것을 감당할 수 있는 사람에겐 당혹스런 일이 아니다. 어떤 이의 배를 채워주기에는 충분한데도 다른 이는 여전히 배고파한다. 천성이 소심하여 좋은 음식을 소화할 수 없는 사람들이 많다. 그들은 높은 관직을 위해 태어나지도, 그를 위해 교육받지도 못한 것이다. 그들은 위산과다를 일으키며 걸맞지 않은 영예가 뿜어내는 향기에 어지러움을 느낀다. 높은 곳에선 떨어질 위험이 있는 것이다. 그들에겐 행운을 위한 공간이 없기에 착륙하고 싶어한다. 그러나 위대한 사람에겐 더 큰 것을 받아들일 공간이 남아 있다. 그리고 소심함을 보이지 않도록 언제나 주의를 기울인다.

104

자신의 행복을 과시하지 마라. 개인적인 성격보단 화려하게 빛나는 지위나 위엄이 다른 이의 감정을 더 상하게 한다. 자기과시는 미움을 산다. 시기심을 유발하지 마라. 남의 존경은 바랄수록 작아진다. 존경은 타인들의 생각에 달렸기 때문이다. 존경은 취하는 것이 아니라 기다려서 얻는 것이다. 직위가 높을수록 걸맞은 명망이 요구되며, 명망이 없이는 직위를 위엄 있게 행사할 수 없다. 그러므로 자신의 의무를 이행할 수 있으려면 필요한 명예를 지켜라. 존경을 얻기 위해 달려들지 말고 다른 이의 존경심이 무르익도록 하라. 자신의 일로 소란을 피우는 사람은 그 직위에 걸맞지 않고 그 위엄이 어깨에 너무 무거움을 드러내는 것이다.

105

다른 사람에게 짐이 되지 마라. 번잡스럽고 말 많은 사람은 폐를 끼치기 십상이다. 간결한 것이 더 호감을 주며 일의 진행을 위해서도 좋다. 길이가 짧을수록 정중함은 더해진다. 좋은 것이 짧으면 두 배로 좋다. 나쁜 것도 적으면 그다지 나쁘지 않다. 핵심은 장황함보다 더 효과가 크다. 현명한 자는 짐이 되지 않으려 주의하며, 특히 훌륭한 사람에게는 그렇다. 훌륭한 사람들에겐 할 일이 많기 때문이다. 좋은 말이란 간결한 말이다.

106

실제와 외양. 사물은 그 실제가 아니라 나타나는 모습으로 통용된다. 내면을 볼 줄 아는 자는 드물며, 외양에 매달리는 자는 많다. 외양이 간사해 보이면 내심이 정직한 것만으로는 충분치 않다.

107

자만하지 마라. 자신에게 불만을 품는 것은 소심한 것이지만 자신에게 만족하는 것은 어리석은 짓이다. 자만은 분별 없는 자의 행복이다. 그 역시 나름의 유쾌함은 없지 않으나 평판과 명성에는 득이 될 게 없다. 사람들은 다른 이의 무한히 높은 완전성을 통찰하지 못하기에 자신의 비천하고 범용한 재능에 만족해 버린다. 의심은 언제나 지혜로우며 유용하기까지 하다. 나쁜 결과를 예방하거나 나쁜 결과가 오더라도 위안을 얻을 수 있기 때문이다. 불행을 이미 두려워한 자에게 불행은 더 이상 놀라운 일이 아니다. 하지만 공허한 자기 만족의 꽃을 피우고 그 씨를 더욱 퍼뜨리는 것은 치유 불가능한 어리석음이다.

108

비난을 일삼지 마라. 다른 사람의 모든 것을 비행(非行)으로 낙인찍는 음울한 기질을 가진 사람들이 있다. 그들은 다른 사람이 행하고 행할 모든 것에 대해 저주의 판결을 내린다. 이것은 잔혹함보다도 더 사악한 감정, 그만큼 비천한 감정에서 나오는 것이다. 그들은 돌조각을 보고 대들보라 칭하는 과장으로 비난을 일삼으며 그렇게 다른 사람의 눈을 찔러댄다. 여기에 정열이 더해지면 모든 것은 극단에 몰린다. 그러나 고귀한 마음의 소유자는 대단한 잘못이 아니라며 과실을 눈감아 줌으로써 용서할 줄 안다.

109

그대의 의지를 암시적으로만 나타내라. 열정은 영혼의 현관문이며, 실제적인 지식은 위장술이다. 보이는 카드로 놀음을 하는 자는 위험에 빠진다. 조심스런 자의 신중함은 탐색하는 자의 감시에 맞설 수 있다. 우리의 취향조차도 남이 알아서는 안 된다. 그래야만 반박도 아첨도 그대를 범할 수 없다.

110

사람들과 잘 어울릴 줄 아는 것은 온전한 사람이 되는 지름길이다. 사람들과의 교제는 확실한 효과를 가져온다. 알지 못하는 사이에 몸가짐과 취미를 함께 나누고 기질과 심지어 정신까지도 받아들이게 되는 것이다. 그 때문에 명민한 자는 자기보다 우월한 자를 가까이 한다. 이러한 사귐에서는 여러 가지 생각을 나눌 때에도 무리 없이 친근한 분위기가 무르익는다. 대립되는 것들의 상호작용은 세상을 아름답게 하고 유지해준다. 육체적인 것에서 조화를 야기하는 것은 도덕적인 것에도 조화를 가져온다. 친구나 종복을 선택할 때에는 이러한 지혜를 염두에 두라. 대립되는 것이 결합될 때 분별 있는 중용(中庸)의 길을 걸을 수 있다.

111

해가 질 때까지 기다리지 마라. 일이 우리를 버리기 전에 우리가 일을 버리는 것은 지혜의 한 원칙이다. 종말이 임박해도 승리를 준비할 줄 알아야 한다. 태양도 때로는 아직 빛을 발할 때 구름 뒤로 숨으며, 그렇게 하여 자신이 지는 것을 보지 못하게 한다. 그것은 사람들로 하여금 태양이 졌는지 아닌지를 모르게 하기 위함이다. 사람도 제때에 재난을 벗어나 치욕을 피할 수 있어야 한다. 미인은 거울이 자신의 늙은 모습을 보여줄 때까지 기다리지 않는다. 미인은 현명하게도 아직 아름다움을 유지할 때 거울을 깨뜨린다.

112

명성을 얻고 이를 지켜라. 명성을 얻기는 어렵다. 이는 탁월한 능력에서만 나오기 때문이다. 그리고 범용함이 흔한 만큼 탁월함은 드물다. 그러나 한번 얻은 명성을 지키기는 쉽다. 명성은 인간을 구속하지만 더 큰 효과를 발휘한다. 명성은 그 근원과 영역이 고귀하기에 숭배에까지 이르면 우리에게 위엄을 가져다 준다. 그러나 현실에 근거한 명성만이 불멸의 지속을 누린다.

113

명예심과 의무감을 가진 사람들과만 교제하라. 그런 사람들과는 서로의 의무를 이행할 수 있다. 그들의 명예심은 그들의 행동을 가장 잘 보증하는 것이기 때문이다. 의견의 일치를 보이지 못할 때에도 그것은 마찬가지이다. 그들은 언제나 자신의 명예를 고려한다. 그렇기 때문에 정직한 사람과의 다툼은 부정한 사람을 이긴 것보다 나은 것이다. 무도한 자와의 교제는 안전할 수 없다. 그들은 정직함에 대해 아무런 의무도 느끼지 않기 때문이다. 그러므로 그들과는 진정한 우정도 맺을 수 없다. 명예를 존중하지 않는 사람은 미덕도 존중하지 않는다. 그러니 명예는 정직의 왕관이다.

114

다른 사람의 미움을 사지 마라. 반감을 불러일으켜서는 안 된다. 반감은 청하지 않아도 곧 제 발로 찾아오기 때문이다. 많은 이들은 이유도 근거도 없이 제멋대로 미움을 품는다. 그들의 악감정은 우리의 호의를 앞지른다. 지성이 뛰어난 사람은 두려움의 대상이며 험담꾼들에게 미움의 대상이 된다. 불손한 자는 혐오감을 불러오고, 조소를 일삼는 자는 불쾌감을 주며, 별난 사람은 무시를 당한다. 그러니 존경을 얻으려면 남을 존경하고, 존중받는 것을 소중히 여기라.

115

언제나 기대감을 지녀라. 기대감을 다스릴 줄 알아야 한다. 많은 것은 더 많은 것을 약속하고 빛나는 행위는 더 빛나는 행위를 예고한다는 마음을 가져라. 그대의 전 능력을 단 한 번에 사용하지는 마라.

116

예의바르다는 평판을 얻어라. 호감을 얻는 것으로는 충분치 않다. 예의바름은 교양의 큰 부분이고, 모든 이의 총애를 받게 하는 마술이다. 그와 반대로 무례함은 사람들의 멸시와 반감을 일깨운다. 무례함이 자만에서 비롯되면 혐오감을 주고 상스러움에 기인하면 경멸감을 일으킨다. 언제나 모자라는 정중함보다는 지나친 정중함이 낫지만 모든 이에게 같아서는 안 된다. 그것은 공정치 않기 때문이다. 적들 사이에서도 자신의 가치를 보이기 위해선 정중해야 한다. 정중함은 노력은 적으나 도움은 큰 것이다. 다른 이를 존경하는 자는 존경을 받는다. 정중함과 명예는 그 무엇보다 중요하며 그것을 보이는 사람 곁에 머문다.

117

친분 있는 사람들의 결점에 익숙해져라. 그들과 가까워야 할 때에는 어쩔 수 없는 것이다. 결코 함께 할 수 없는 끔찍한 성격을 가졌지만 그들 없이는 살 수 없는 사람들이 있다. 그렇다면 추한 얼굴에 점차 익숙해지듯 그들의 성격에 적응하는 것이 현명하다. 그래야 아주 무서운 일에 닥쳐서도 분별력을 유지할 수 있다. 그런 결함에 처음엔 경악하지만 점차 혐오스러움은 사라질 것이다.

118

자기 자신에 대해 얘기하지 마라. 자신에 대한 얘기는 자화자찬이거나 자학 둘 중의 하나이다. 전자는 허영을, 후자는 소심함을 보여준다. 그것은 말하는 자를 어리석음에, 듣는 자를 고통에 내맡긴다. 이는 일상적 교제에서도 피해야 하지만 높은 사람들과의 회합에서는 더욱 금해야 할 일이다. 분별없음을 조금만 내비쳐도 사람들은 그를 어리석은 자라 여긴다. 현명한 자도 남들 앞에서 얘기할 때 똑같은 잘못을 범할 수 있다. 아첨이나 비난, 두 암초 중 하나에 부딪칠 위험 항상 있다.

119

잘난 척하지 마라. 재능이 많을수록 자기과시를 삼가라. 그것은 가장 비루하고 볼품 없는 짓이다. 잘난 척은 역겨움을 가져오고 젠 체하는 사람은 고통을 준다. 자기과시에 많은 신경을 쓰는 사람은 고문을 하는 사람이다. 일을 잘 처리하는 사람일수록 그에 들인 노고를 감춰라. 그래야 그 완전한 재능이 천성에 기인한 것으로 여겨진다. 현명한 사람은 자신의 장점을 알게 하지 않는다. 자신의 장점에 개의치 않으면 다른 이가 그것에 주목할 것이다. 모든 완전성을 지니고 있지만 그것을 마음에 두지 않으면 두 배로 위대한 것이 된다. 그것은 정반대의 길을 걸어 찬사라는 목적지에 도달하는 것이다.

120

다른 이에게 꼭 필요한 사람이 되라. 사람들에게 큰 호평을 받는 사람은 별로 없으며, 현명한 사람에게 사랑을 받을 수 있다면 큰 행운을 누리는 것이다. 그러나 일반인의 총애를 받는 길은 있다. 확실한 길은 자신의 직무에서 탁월한 재능을 발휘하는 것이다. 행동에서 마음을 끄는 것도 효과가 크다. 이 모든 것을 통해 자신의 장점이 남들에게 꼭 필요한 것이 되게 할 수 있다. 그렇게 하면 우리가 직위를 필요로 하는 것이 아니라 직위가 우리를 필요로 하게 된다. 그러나 후계자들이 열등하여 우리가 돋보이는 것이라면 이는 명성이 될 수 없다. 그것은 우리가 필요하게 된 것이 아니라 후계자들이 미움을 받는 것이기 때문이다.

121

일이 아닌 것을 일거리로 만들지 마라. 어떤 이들은 모든 것을 비방하려 들고 또 어떤 이들은 모든 것을 자기 일로 만든다. 모든 것을 진지하게 생각하여 그것을 싸움거리나 은밀한 일거리로 만드는 것이다. 불쾌하고 귀찮은 일은 가급적 가볍게 생각하라. 그렇지 않으면 적절하지 못한 때에 일에 말려들게 될 것이다. 사소한 일에 마음을 쓰는 것은 어리석은 짓이다. 그렇게 하여 정말 중요한 일은 주목받지 못해 방치되고 사소한 것이 중요한 일로 둔갑하는 것이다. 처음에 모든 것을 제쳐두기는 쉬우나 나중에는 어려운 것이다. 내버려둔다는 것이 가장 나쁜 인생의 규칙은 아니다.

122

말과 행동에서 경외감을 일으켜라. 그렇게 하면 어디서든 곧 명성과 존경을 얻게 될 것이다. 다른 이의 마음을 사로잡는 것은 진정 위대한 승리이다. 그것은 어리석은 무뚝뚝함이나 이야기를 나눌 때의 거만함에서 비롯되는 것이 아니다. 그것은 일을 통해 쌓은 자연스런 우월함에서 비롯되는 적절한 권위에 근거하는 것이다.

123

경쟁자가 되지 마라. 다른 사람들에 대한 비난은 그대의 명성을 해친다. 경쟁자도 얼른 나서서 우리를 비방하고 우리를 누르려 하기 때문이다. 공정하게 전쟁을 수행할 수 있는 자는 별로 없다. 경쟁자는 전에는 관대히 보아 넘긴 결점까지 들추어낸다. 경쟁이 격화되면 오래전 말라죽은 욕설이 되살아나고 묻혔던 악취가 다시 풍긴다. 경쟁은 공공연한 중상으로 고조되며 수단과 방법을 가리지 않게 된다. 언제나 호의 있는 자들은 평화롭고, 명망 높은 자들은 호의적이었다.

124

드높은 정신을 지녀라. 그것은 영웅에게 필요한 제1조건 중의 하나이다. 어떤 종류의 위대함에서든 그러한 정신이 불타오르기 때문이다. 드높은 정신을 가진 사람이라면 그가 누구이든 숭고한 생각을 품고 매진할 것이다. 그리고 때로 불운한 운명이 모든 노력을 수포로 돌려도 그 정신은 빛을 발하며 의지의 한계를 넘어선다. 왜냐하면 그 정신에는 반드시 능력이 따라오기 때문이다. 대범함과 고귀함, 그리고 그 모든 영웅적인 속성들은 그 정신에 원천을 두고 있다.

125

시대에 순응하라. 지식조차도 유행에 따라야 한다. 유행에 따르지 않는 것은 무지를 드러내는 것이다. 구태의연한 생각을 갖지 말고 현재의 취향을 따르라. 어떤 분야에서든 대다수의 취향이 유력한 발언권을 가진다. 그러니 지금 힘있는 취향을 따르고 그것을 더 완전하게 하라. 지혜로운 자는 정신과 육체를 장식할 때 현재의 것에 순응한다. 비록 과거의 것이 더 좋아 보이더라도. 마음이 선한 것만으로는 삶의 규칙이 마련되지 않는다. 미덕이란 언제나 연습되어야 하는 것이기 때문이다. 그러나 오늘날엔 아무도 미덕에 대해 알려 하지 않는다. 진실을 말하고 약속을 지키는 것은 다른 시대의 일로 여겨지는 것이다. 선한 사람들은 좋았던 옛날에나 있던 것으로 생각되지만 여전히 그들은 사랑을 받는다. 그러나 아직도 선한 사람들이 있다면 그들은 유행에 맞지 않고, 따라서 모방의 대상도 되지 못할 것이다. 현명한 자는 원하는 대로 살 수는 없지만 자신이 할 수 있는 대로 산다. 그리고 운명이 그에게 거부한 것보다는 부여한 것에 더 큰 가치를 둔다.

126

다른 사람의 잘못을 들추지 마라. 다른 이의 치부를 들추는 것은 자신이 오점을 갖고 있다는 증거이다. 어떤 이들은 자신의 오점을 다른 이의 결함으로 감추려 하며 심지어 씻어내고자 한다. 아니면 거기에서 위안을 구하려 한다. 그러나 그것은 자신의 어리석음에 대한 위안일 뿐이다. 제 나름의 잘못이 없는 사람은 드물다. 잘못은 어디에나 있는 것이다. 그러나 이름 없는 사람의 잘못은 알려지지 않는다. 사려 깊은 사람은 다른 이의 잘못을 들추려 하지 않는다. 만약 그러지 않는다면 겉모습만 인간인 비정한 자로 간주되어 미움을 받게 될 것이다.

127

어리석음을 범하는 자가 어리석은 것이 아니라, 범한 후에 감추지 못하는 자가 어리석은 것이다. 자신의 성향조차도 감추어야 할 때가 있으니 결점은 말할 필요도 없다. 모든 인간은 오류를 범하지만 그것에도 차이는 있다. 현명한 자는 제가 저지른 잘못을 숨기지만 어리석은 자는 저지르기도 전에 미리 거짓말을 한다. 우리의 명성은 행동보다는 비밀을 지키는 데에 근거한다. 오점이 있으면 행동을 조심하라. 우정에서조차도 예외는 있다. 친구에게도 자신의 잘못은 털어놓지 마라. 할 수만 있다면 자신에게도 감춰야 한다. 이와 함께 또 다른 삶의 규칙이 도움이 될 것이다. 즉 잊을 수 있다면 잊어라.

편견없고 자유로운 영혼의 능력을 지녀라. 이것이 재능의 생명이며 말의 숨결이고 행위의 영혼이며 명예의 장식이다. 모든 다른 완전성은 우리 본성에 대한 장식일 뿐이며 이것이야말로 완전성 그 자체이다. 그것은 대개의 경우 자연의 선물이지 교육에 의한 것이 아니다. 그것은 교육보다 우월한 것이기 때문이다. 그것은 기민하고 대담하기까지 하다. 그것은 얽매이지 않음을 전제로 하며 완전함을 더해준다. 그것이 없다면 모든 아름다움은 죽은 것이며 모든 우아함도 미숙한 것이다. 그것은 용감함과 지혜로움, 그리고 조심성과 위엄보다도 더 중요한 것이다. 그것은 할 일을 줄이고 모든 어려움에서 우아하게 빠져나오는 지름길이다.

129

남에게 하소연하지 마라. 하소연은 언제나 우리의 명망을 해친다. 동정받는 데서 위안을 구하기보다는 다른 이의 열정에 자신의 대담함을 심어주는 것이 더 쉬운 일이다. 어떤 이들은 부당한 처우를 한탄하여 새로운 부당함을 유발하며, 도움과 위안을 구하려다 남모를 즐거움과 경멸감만을 불러일으킨다. 한 사람에게서 얻은 호의를 다른 사람에게 자랑하여 그에게도 유사한 감정을 갖게 하는 것이 더 현명하다. 자리에 없는 사람들에게 감사를 표함으로써 면전의 사람들에게도 감사받고 싶은 마음이 들게 하라. 그렇게 하여 어떤 사람에게 얻은 명망을 다른 사람에게 파는 것이다.

130

행동으로 보여주어라. 사물은 그 본 모습보다는 보이는 모습으로 평가받는다. 가치를 지니고 그것을 알린다면 가치는 배로 늘어날 것이다. 볼 수 없는 것은 없는 것과 같다. 정의도 정의로 나타나지 않는다면 존경을 받을 수 없다. 속임수가 지배하고 사물은 외양으로 판단되지만 나타나는 모습은 천차만별이다. 훌륭한 외양은 내면의 완전함을 가장 잘 보여주는 것이다.

131

혼자 현명하기보다는 모두와 함께 바보가 되라. 정략적인 사람은 그런 태도를 취한다. 모든 이가 바보라면 아무도 바보 취급을 받지 않는다. 그러나 현명한 자가 한 명 있다면 그는 바보로 간주될 것이다. 무지한 사람들과 지혜를 가장하는 사람들 사이엔 때로 위대한 지혜가 섞여 있다. 우리는 다른 사람들과 어울려 살아야 하며, 대다수의 사람들은 무지하다. 홀로 살려면 신이 되거나 짐승이 되어야 한다. 그래서 나는 앞서의 격언을 이렇게 바꾸고 싶다. 홀로 바보가 되기보다는 사람들과 함께 지혜를 나누어라. 망상 속에서 홀로 독창성을 추구하는 사람들도 있으니까.

132

삶에 필요한 조건들을 두 배로 지녀라. 그렇게 하면 자신의 삶을 두 배로 누릴 수 있다. 아무리 중요한 일이라도 그것에만 매달리거나 억압되어서는 안 된다. 모든 것을 두 배로 지녀야 한다. 특히 출세, 다른 사람의 호의, 향유의 근거가 될 수 있는 것들을. 자연이 가장 중요한 신체부위를 두 개씩 주었듯이, 우리가 의지하는 것들을 곱절로 가지도록 노력하라.

133

심성의 고귀함. 관대한 영혼과 고상한 정신이 존재한다. 그것이 아름답게 표현되면 그 성격은 가장 찬란하게 빛난다. 모든 사람이 이 고귀한 심성을 지닌 것은 아니다. 그것은 위대한 정신을 전제로 하기 때문이다. 심성이 고귀한 자가 지녀야 할 첫째 요건은 적에 대해 좋게 말하고 행동은 그보다 더 좋게 해야 한다는 것이다. 적에게 복수할 때에도 그의 모습은 빛을 발한다. 그는 승리했을 때 복수의 기회를 피하는 것이 아니라 예기치 않은 관용을 베풂으로써 그 기회를 더 잘 이용한다. 그럴 때 그는 수완을 발휘하여 자신의 정략을 아름답게 장식한다. 그는 승리는 물론이거니와 아무것도 과시하지 않는다. 공을 세워도 그의 고귀함이 이를 감추는 것이다.

134

불행한 때를 알아차려야 한다. 그런 때는 오기 마련이다. 그때는 되는 일이 없으며 상황이 달라져도 불운은 계속된다. 분별력도 항상 같지 않으며 지혜도 매번 따르지 않는다. 잘된 편지를 쓸 때처럼 올바른 생각을 하는 데에는 행운이 필요한 것이다. 완전함을 누리는 데에는 언제나 때가 있다. 아름다움도 항상 아름답지는 않다. 어떤 때는 되는 일이 없다가 또 어떤 때는 조금만 애쓰면 모든 일이 잘 풀린다. 이럴 경우엔 모든 일이 잘된 것이나 마찬가지다. 정신이 집중되어 있으며 기분은 최고의 상태이니 행운의 별이 빛나는 것이다. 그런 때는 자신의 장점을 인지하고 사소한 것도 소홀히 하지 마라. 그러나 생각이 깊은 사람은 작은 실마리 하나로 좋은 날과 나쁜 날을 가르지는 않는다. 그것은 사소한 불쾌함이나 행복한 우연에 그칠 수도 있는 것이기 때문이다.

135

사물의 본질을 파악하고 상황을 즉시 감지하라.

쓸데없는 생각에 빠져 있거나 헛된 논란의 숲을 헤매는 사람들이 많다. 그러면서 정작 사물의 핵심은 놓친다. 그들은 핵심의 주위를 맴돌면서 자신과 타인을 지치게 하지만 요점에는 이르지 못한다. 이는 사고 능력이 혼란스럽고 거기서 빠져나오지 못하기 때문이다. 이러한 사람은 시간과 인내를 낭비하여 나중에는 다시 시작할 시간과 인내를 갖지 못하는 것이다.

136

어떤 일에서든 최선을 택하라. 감식력이 뛰어난 사람은 이런 행운을 누린다. 꿀벌은 꿀을 얻기 위해 단 것으로 향하고 뱀은 독을 만들기 위해 쓴 것을 찾는다. 그처럼 어떤 이의 감식력은 좋은 것을 구하고 어떤 이의 감식력은 나쁜 것에 주목한다. 어떤 것에든 좋은 점은 있다. 더욱이 생각의 산물인 책에 있어서는. 그러나 불행한 기질을 가진 사람들은 훌륭한 천 가지의 것 중에서 하나의 결점을 찾아내어 이를 비난한다. 그리고는 그 모든 것을 다른 이의 지성과 의지가 버린 허접한 쓰레기라 말하는 것이다. 그렇게 그들은 늘 쓴 것만을 먹고 불완전성을 일용할 양식으로 삼으면서 슬픈 삶을 영위하는 것이다.

137

사태를 관망할 줄도 알아야 한다. 살아가는 동안에는 열정의 소용돌이에 휩싸일 때도 있다. 그럴 때는 물 얕고 안전한 항구로 돌아가는 것이 현명하다. 의사에겐 처방의 학문만큼이나 무처방의 학문도 필요하며, 때로는 수단을 사용하지 않는 것이 기술이기도 하다. 거대한 소용돌이 한가운데에서 평온을 유지한다는 것은 손을 놓고 누워 버리는 것이다. 적절한 때에 양보하는 것은 훗날의 승리를 보장한다. 샘물은 약간만 휘저어도 흐려지며, 거기에 무엇을 더 넣어야 맑아지는 것이 아니라 내버려둬야 맑아진다. 분열과 혼란이 있을 때 최상의 방책은 그것이 지나가도록 놔두는 것이다. 그러면 저절로 안정을 찾게 될 것이다.

138

현명한 자는 스스로에게 만족한다. 자신의 모든 것에 만족했던 디오게네스는 죽었을 때 모든 것을 갖고 있었다. 그대가 전세계를 가질 만한 인물이 될 수 있다면 혼자서 능히 삶을 누릴 수 있다. 그대보다 더 나은 지성과 감식력을 가진 자가 없는데 누구를 아쉬워하겠는가? 사람이 오직 자신에게만 의존할 수 있다면 이는 최고의 존재와 같아지는 지상 최대의 행복인 것이다.

139

정직하게 반대할 줄 아는 사람이 되라. 분별 있는 사람도 어쩔 수 없이 다른 이의 적이 될 수 있다. 그러나 보잘것없는 적이 되지는 마라. 누구나 자신의 본 모습대로 행동해야 하며 사람들이 원하는 모습으로 행동해서는 안 된다. 경쟁자와 싸울 때에도 아량 있는 자가 찬사를 얻는다. 우월한 힘만으로 싸우지 말고 기지를 발휘하여 승리를 거두라. 비열한 승리는 영예로운 일이 아니라 패배이다. 정직한 사람은 금지된 무기를 사용하지 않는다. 우정이 끝났다 하여 곧 증오를 품는 것도 금지된 무기를 사용하는 것이다. 이미 주어진 신뢰를 복수에 이용해서는 안 된다. 배신의 냄새를 풍기는 모든 것은 이름을 더럽힌다. 사려 깊은 사람들에게선 비열함의 흔적을 찾아볼 수 없다. 아량, 관대, 충정이 세상에서 사라졌다고 하더라도 그것을 우리 가슴속에서 다시 찾아낼 수 있다면 그것은 영예로운 일이다.

140

반항심을 갖지 마라. 어리석고 역겨운 짓이다. 반항심을 갖지 않도록 모든 지혜를 동원하라. 애써 감추고 있던 반항심이 때로는 정신의 명민함에서 생겨나기도 한다. 그러나 이러한 고집은 무분별하다는 질책을 피할 수 없다. 반항적인 사람들은 조용하고 즐거운 대화 중에도 작은 분규를 일으키며 관계없는 사람들보다도 친구들을 더 적으로 만든다.

141

적이 이미 더 좋은 쪽에 섰다고 하여 더 나쁜 쪽에 남기를 고집하지 마라. 교활한 적이 더 나은 것을 선택하여 이를 먼저 차지했다고 하자. 그럴 때 그에 대항키 위해 더 못한 것을 움켜쥐는 것은 어리석은 짓이다. 고집스런 자의 습성은 진실에 맞서 싸우고 진실을 이용할 줄도 모른다는 것이다. 현명한 자는 열정의 편에 서지 않으며 언제나 옳은 것의 편에 선다. 그래서 처음부터 더 나은 것을 택하거나 아니면 더 나은 것을 얻기 위해 더 못한 것을 택한다. 후자의 경우 적이 어리석다면 더 나은 위치에 있던 그가 방향을 바꿔 더 나쁜 것을 택할 것이다. 상대방을 나은 위치에서 몰아내는 유일한 수단은 그 스스로가 더 못한 쪽을 취하게 하는 것이다. 상대방이 어리석고 고집을 부린다면 자신의 것을 버릴 것이기 때문이다.

142

백번 잘하기보다 한 번 실수하지 않도록 하라. 빛나는 태양은 아무도 보지 못하지만 지는 해는 누구라도 볼 수 있다. 세상사람들의 평판은 그대가 성공한 일이 아니라 그대가 실패한 일로 향한다. 좋은 일에 대한 찬사보단 나쁜 일에 대한 험담이 더 멀리 가는 법이다. 많은 이들은 죽음에 이르기까지 세상의 이치를 깨닫지 못한다. 한 사람이 평생 이룬 업적도 단 하나의 오점을 지우기에는 충분치 않다.

143

그대가 뜻한 바를 이루기 위해 다른 이의 일에 가담하라. 이것은 목표에 도달하기 위한 훌륭한 방책이다. 이미 존재하는 장점이 다른 이의 의지를 조종하는 미끼가 되기 때문이다. 남들이 그대의 의도를 알아채선 안 되지만 그들을 이끌 계획은 있어야 한다. 그대의 뜻을 간파할 가능성이 있는 사람들은 피하라. 그리하여 그대가 뜻한 바가 드러나지 않게 하라. 일이 뒤집힐 때 그대에게 복수할 수 있는 사람은 더더욱 피하라.

144

아픈 손가락을 보이지 마라. 그러지 않으면 모두가 그 곳을 찌를 것이다. 아프다고 하소연하지 마라. 악의를 품은 자는 언제나 약한 곳을 건드린다. 그대의 노여움은 적의 즐거움을 더해줄 뿐 결코 도움이 되지 않는다. 나쁜 뜻을 품은 자는 늘 주위를 맴돌며 혹시라도 드러날 결함을 찾고 있다. 그리고 아픈 곳이 발견될 때까지 수천 번을 시도한다. 신중한 자는 자신의 상처를 보이지 않으며 개인적이거나 타고난 불행을 발설하지 않는다. 운명조차도 때로는 우리의 가장 아픈 상처를 건드릴 때 즐거움을 느낀다. 운명의 매질은 언제나 상처를 노리는 것이다. 그러니 아픈 곳도 즐거운 곳도 드러내지 마라. 아픔은 끝나고 즐거움은 계속되도록.

145

자신의 목소리에 귀 기울이지 마라. 그대 마음에 드는 것이라 할지라도 다른 이의 마음을 끌지 못하면 소용없는 것이다. 자신에게 만족하는 자는 다른 이에게 만족하지 못한다. 스스로 말하면서 동시에 듣기란 어려운 일이다. 자기 자신하고만 이야기하는 자가 바보라면 다른 이보다 자신의 얘기에 더 귀 기울이는 자는 곱절의 바보이다.

146

범접하기 어려운 사람이 되지 마라. 그 누구에게도 속하지 않는 사람은 치유불능의 어리석은 자이다. 가장 뛰어난 자라도 우정어린 충고에 귀 기울여야 하며, 제왕의 권력을 가진 자라도 유연함을 잃어서는 안 된다. 모든 것에 마음의 문을 닫아 구제할 길 없는 사람들이 있다. 그런 사람들은 아무도 가까이 오지 않고 부르지도 않기에 파멸로 치닫는다. 아무리 탁월한 자라도 우정에는 문을 열어야 하며, 그럴 때 우정은 도움이 될 것이다. 벗에겐 아무런 주저 없이 충고하고 비난할 자유가 있어야 한다. 이러한 자유가 있을 때 벗은 그대에게 만족할 것이며 그대의 충실함과 분별 있음을 찬양할 것이다. 그러나 모든 이에게 쉽게 배려와 신뢰를 주지는 마라. 우리의 은밀한 내면에는 충실한 거울이 있기에, 옳은 것을 가리키고 오류에서 구해주는 믿을 만한 자를 구분하여 그에게 감사할 수 있는 것이다.

147

대화의 기술을 터득하라. 사람의 모든 면모가 드러나는 것은 바로 대화할 때이다. 인생에서 이보다 더 주의해야 할 일은 없다. 대화는 아주 일상적인 일이어서 그로 인해 돋보이기도 하고 몰락하기도 한다. 문서로 남게 되는 편지를 쓰는 것이 주의를 요하는 일이라면, 준비 없이 기지만으로 통과해야 하는 일상의 대화에서는 더 큰 주의가 요구된다. 경험 많은 자는 다른 이의 혀에서 영혼의 혈맥을 찾아낸다. 그래서 소크라테스는 이렇게 말했다. '말해 보라, 그러면 내가 너를 볼지니!' 어떤 이들은 아무런 기술이 없는 게 바로 대화의 기술이라 여긴다. 마치 옷처럼 느슨하고 편안하면 된다는 것이다. 친한 친구들 사이의 대화라면 그럴 수도 있다. 그러나 중요한 사람들과의 대화는 말하려는 내용이 분명히 드러나도록 보다 명확해야 한다. 그러기 위해서 상대방의 기분이나 분별력에 자신을 맞추어야 한다. 대화에서는 달변보다는 사려 깊은 분별이 더 중요하다.

148

내면을 주시하라. 사물의 겉모습은 다채롭다. 그렇기에 무지로는 껍질의 안쪽을 보지 못하고 내면에 이르러야 기만에서 벗어난다. 기만은 아주 표피적인 것이다. 때문에 표피적인 사람들은 속기 쉽다. 진실된 것과 올바른 것은 깊은 곳으로 물러서서 몸을 숨긴다.

149

그대가 하는 일을 돋보이게 하라. 사물의 내적 가치만으로는 충분치 않다. 누구나 핵심을 꿰뚫고 내면을 통찰할 수 있는 것은 아니기 때문이다. 오히려 대다수의 사람은 모두가 가는 방향만을 따라간다. 자신이 하는 일을 우러러 보게 하며, 때로는 널리 알려 호기심을 자극하고, 때로는 멋진 이름으로 존경심을 야기하는 것은 대단한 기술이다. 그러나 이때 속보이는 겉치레는 피하라. 더 나아가 현명한 사람만이 자신의 일을 평가할 수 있다고 말하는 것도 일반인을 자극하는 수단이다. 누구나 자신을 지혜로운 사람이라고 생각하기 때문이다. 그와 반대로 자신의 일을 사소하고 일상적인 일로 느끼게 하지 마라. 그리되면 그대는 부담을 더는 것이 아니라 멸시를 불러오는 것이다. 모든 사람은 평범치 않은 것을 갈망한다. 그것이 사람들의 지성과 취미를 더 자극하기 때문이다.

150

오늘 바로 내일을, 그리고 더 먼 훗날을 생각하라.

시간을 할애하여 앞일을 근심하고 생각하는 것은 신중한 자의 태도이다. 조심스런 자에게 우연이란 없으며 신중한 자에게 위험이란 없다. 목이 늪에 잠길 때까지 생각을 미루지 마라. 생각은 앞서야 한다. 머리맡의 베개는 말 없는 예언자이다. 처음에 자면서 생각하는 것이 후에 베개를 벤 채 잠들지 못하는 것보다 낫다. 삶이란 생각의 연속이어야 하며, 그럴 때 올바른 길을 잃지 않을 수 있다.

151

큰 간격을 메워야 하는 일에는 덤벼들지 마라. 앞사람을 능가할 확신이 설 때에만 그렇게 하라. 그에게 버금가려면 그대의 가치가 곱절이 돼야 한다. 뒷사람이 우리를 동경하게 하는 것이 좋은 일이듯, 앞사람이 우리보다 앞서 가지 못하게 하는 것도 현명한 일이다. 그러나 큰 간격을 메우기는 어렵다. 지나간 것이 언제나 더 좋아 보이기 때문이다. 그렇기에 앞사람과 어깨를 나란히 하기는 쉬운 일이 아니다. 그는 이미 기득권을 누리기 때문이다.

152

쉽게 믿지 말고 쉽게 사랑하지도 마라. 정신의 성숙함은 서서히 굳어가는 믿음에서 나타난다. 거짓은 비열한 짓이며 믿음은 그 반대이다. 상대방의 말에 의심을 품더라도 이를 알게 하지는 마라. 말하는 자를 당장 사기꾼이나 사기당한 자로 모는 것은 정중하지 못하며 수치심을 안겨준다. 그러지 않아야 최악의 상황을 피할 수 있다. 상대방이 하는 말을 믿을 수 없다고 당장 거짓말쟁이로 모는 것은 가장 나쁜 일이다. 그러면 믿을 수 없는 자와 믿지 못하는 자 모두가 재앙을 겪는다. 이야기를 들을 때는 판단을 유보하는 것이 현명하다. 그러나 말하는 자는 확신할 수 있는 것을 말하라. 의심하지 않음을 보이는 방식 중엔 쉽게 호의를 보여주는 것도 있다. 그러면 말에서뿐만 아니라 행동에서도 속임을 당하지 않는다.

153

자신을 도울 줄 알라. 큰 위험에 빠졌을 때는 강한 심장만큼 좋은 반려자는 없다. 그리고 심장이 약해지면 주변의 다른 부위가 도움을 줘야 한다. 자신을 도울 줄 아는 자에겐 어려움도 줄어든다. 운명에게 무기를 들이대지 마라. 그러면 운명은 더욱 견디기 힘든 것으로 변할 것이다. 불운에 처했을 때 자신을 전혀 돕지 못하는 사람이 많다. 그들은 불운을 견뎌낼 줄 모르기 때문에 더 나쁜 불운에 처하는 것이다.

154

화낼 때의 기술. 가능하다면 이성적으로 생각하여 비천한 노여움을 보이지 마라. 현명한 자에게 이는 어려운 일이 아니다. 그러나 노여움이 생기면 우선 자신이 화내고 있음을 인지하라. 그다음엔 그것이 어떤 파급효과를 가져올지 생각하라. 노여움이 어디까지 가야하고 어디에서 멈춰야 하는가를 측정하라. 깊이 생각하여 노여워할 때와 멈춰야 할 때를 구분하라. 적절한 시기를 판단할 수 있어야 한다. 움직일 때 가장 하기 힘든 일은 멈추는 것이기 때문이다. 어리석은 자들이 헤매고 있을 때 홀로 현명할 수 있다는 것은 위대한 지혜를 보여주는 것이다. 과도한 열정이란 모두 이성적인 본성에서 벗어나는 것이다.

155

다른 사람의 인품을 잘못 생각하지 마라. 그것은 가장 나쁘면서도 가장 쉽게 할 수 있는 착각이다. 상품에서보다는 가격에서 속는 것이 더 낫다. 사람들의 경우에는 무엇보다도 내면을 볼 줄 아는 것이 필요하다. 사물을 이해하는 것과 사람을 파악하는 것은 아주 다른 일이다.

156

친구는 그대 스스로 선택하라. 그대의 분별력의 시험을 거치고 행운과 불행의 교차 속에서도 여전히 친구로 남아 있는 사람만이 친구이다. 그리고 친구를 선택할 때에는 좋아하는 마음만이 아닌 통찰에 근거해야 한다. 시간을 때우기 위해 친구를 사귀는 것처럼 대다수의 친구는 우연히 생긴다. 사람은 그가 사귀는 친구에 따라 평가된다. 현명한 자와 무지한 자 사이엔 아무런 공통점이 없기 때문이다. 그러나 그대가 어떤 사람에게 끌리더라도 그것이 곧 우정을 의미하는 것은 아니다. 이는 그 사람의 능력을 신뢰해서라기보다 그와 잠시 즐거움을 나누기 위해 생길 수도 있는 감정이기 때문이다. 진실한 우정과 진실하지 못한 우정이 있다. 진실한 우정은 훌륭한 생각과 행동의 결실이며 흥겨운 것이다. 친구 한 명의 건실한 통찰은 다른 많은 이의 호의보다 더 쓸모가 있다. 그러니 친구의 선택은 우연에 맡기지 말고 그대 스스로 하라. 현명한 자는 불쾌한 일을 피할 줄 알지만, 어리석은 친구는 불행을 몰고 온다.

157

친구를 이용할 줄 알아야 한다. 이러한 지혜를 부릴 때에도 기술이 필요하다. 어떤 이들은 멀리 있을 때 좋고, 어떤 이들은 가까이에 있을 때 좋다. 어떤 이들은 이야기를 나누기보다는 편지를 교환하기에 적합하다. 멀리 있으면 가까이에 있을 때 참을 수 없던 결함이 보이지 않기 때문이다. 친구와는 함께 즐거움만을 나눌 것이 아니라 그를 이용할 줄도 알아야 한다. 친구는 우애, 자비, 진실이라는 세 가지 속성을 지녀야 하는 바, 어떤 이들은 이 속성을 선(善) 또는 핵심이라 부르기도 한다. 친구는 그 무엇보다 중요한 존재이기 때문이다. 좋은 친구가 되기에 적합한 사람은 드물며, 선택할 줄 모르는 사람에겐 그 수가 더욱 적다. 우정을 지키는 것은 친구를 사귀는 것보다 더 중요한 일이다. 오래 갈 수 있는 친구를 구하라. 그리고 새로 사귄 친구도 오랜 친구가 될 수 있다는 마음을 가지라. 가장 좋은 친구는 신랄한 조언을 아끼지 않아 그대에게 소금이 될 수 있는 친구이다. 친구가 없는 인생만큼 슬프고 적막한 것은 없다. 우정은 좋은 것을 더 좋게 만들고 나쁜 것을 함께 나눈다. 이는 불행을 막아내는 유일한 방책이며 영혼의 자유로운 호흡이다.

158

이야기할 때는 주의하라. 경쟁자와 함께 있을 때는 조심하기 위해, 다른 이와 함께 할 때는 위신을 지키기 위해. 말을 내뱉기 전에는 시간이 있지만 내뱉은 말을 되담을 수는 없다. 말을 할 때는 유언을 하듯 하라. 말이 적을수록 분쟁도 적어진다. 비밀스러운 것은 신의 색채를 띤다. 말할 때 경솔한 사람은 곧 다른 이에 의해 압도당한다.

159

그대가 가장 범하기 쉬운 잘못이 무엇인지 알아야 한다. 아주 완벽한 사람에게도 그런 결점은 있으며, 그것과 아주 친밀한 관계를 맺고 있기 마련이다. 종종 그런 결함은 정신에서 나타나며, 정신이 위대할수록 그 결함도 크고 그만큼 더 눈에 띈다. 결함을 지닌 자가 그것이 결함인지 알지 못하고 되려 그 점을 좋아하는 것, 그것은 이중의 재앙이다. 열정에 끌리는 성향이며 오류인 것이다. 그것은 완전성을 해치는 오점이며 자신의 마음에 드는 만큼 다른 이에게는 역겨운 것이다. 자신의 다른 장점에까지 그 오점이 물들지 않게 하려면 대담한 자기극복이 필요하다. 왜냐하면 그의 다른 장점에 경탄하고 찬사를 보냈던 이들도 그의 오점을 보게 되면 이를 비난하고 다른 재능에까지 모욕을 가하기 때문이다.

160

매사에 언제나 여유를 가져라. 그래야 그대의 탁월함을 지킬 수 있다. 모든 능력과 힘을 한꺼번에 모든 일에 소모하지 마라. 나쁜 결과에 이를 위험이 있을 때 빠져나갈 수 있는 여분은 남겨 두라. 구원병은 공격병보다 더 큰 도움이 되며 그대의 가치와 명망을 돋보이게 한다.

161

경쟁자와 반대자를 꺾는 기술을 터득하라. 그들을 경멸하는 것으로는 충분치 않다. 그 경멸이 이성에 근거하고 있을지라도. 관대함을 보이는 게 중요하다. 그대에 대해 험담하는 자를 좋게 말하는 것은 찬사를 받고도 남을 일이다. 경쟁자를 이기고 괴로움을 주는 재능을 지녀 이를 실행한다면 이보다 더 영웅적인 보복은 없다. 그대가 얻게 되는 모든 행운은 반대자의 목을 죄는 밧줄이며, 그대가 얻게 되는 모든 명성은 경쟁자에게는 지옥처럼 괴로운 일이다. 이것은 모든 형벌 중에서 최고의 것이다. 왜냐하면 행운에서는 독이 흘러나오기 때문이다. 경쟁자는 한번 죽고 마는 것이 아니다. 그는 시기하는 자에 대한 찬사가 울릴 때마다 죽음을 경험한다. 한 사람이 얻는 불멸의 명성은 다른 이에게는 고통의 근원이다.

162

불행한 자를 동정하여 그의 운명을 그대의 것으로 만들지 마라. 어떤 이의 불행은 때로 다른 이에게 행복을 준다. 다른 사람들이 불행해져야만 누군가가 행복해질 수 있기 때문이다. 불행한 자들은 으레 사람들의 호의를 쉽게 얻어 이것으로 운명의 매질을 보상하려 한다. 행운의 정상에 있을 때는 시기의 대상이었던 사람이 불행에 처하면 동정을 얻는 모습도 우리는 종종 본다. 자기보다 우월한 자에 대한 복수심은 몰락한 자에 대한 연민과 짝을 이룬다. 그러나 현명한 자는 운명이 때로 카드를 섞는다는 것을 알고 있다. 항상 불행한 자와 어울리는 사람들이 있다. 그리고 어제는 행복한 자라 하여 기피했다가 오늘 그가 불행에 빠지자 동정을 품는 사람들이 있다. 이러한 태도는 때로 고귀한 심성에서 비롯되나 현명함에서 나오는 것은 아니다.

163

어리석은 괴물이 되지 마라. 그런 자들은 허영에 차 있고 불손하고 고집스럽고 변덕스럽고 생각을 고칠 줄도 모르며 극단적이고 얼굴만 찌푸리고 농이나 지껄이며 험담을 즐기고 말도 안 되는 역설이나 늘어놓고 파당을 만드는 등, 삐뚤어진 생각을 가진 사람들이다. 이들은 모두가 무례한 괴물들인 것이다. 정신의 기형은 육체의 기형보다 더 추하다. 왜냐하면 아름다움을 지닌 고귀한 정신과 모순되기 때문이다. 그토록 완전히 왜곡된 인간에게 누가 도움을 주려 하겠는가? 자기 자신을 보호해주는 것이 없다면 그 누구에게서도 인도를 받을 수가 없다. 그런 자들은 남들이 조소를 보내리라는 것은 생각지 못하고 찬사를 받으리라는 어리석은 생각에 빠진다.

164

그대에게 그늘을 드리울 사람과는 어울리지 마라. 장점이 더 많은 자가 더 큰 존경을 받는다. 다른 이가 주역을 맡게 되면 우리가 맡는 것은 조역이다. 그러니 그대를 그늘로 가리울 사람과 어울리지 말고 그대를 돋보이게 하는 사람과 사귀어라. 그런 식으로 여신 파불라도 자신의 아름다움을 눈에 띄게 했다. 수행한 시녀들로 하여금 추한 옷을 입게 했기 때문이다. 그러나 나쁜 친구들과 어울려 위험에 빠지거나 자신의 명성을 희생하면서 그들에게 영예를 주지도 마라. 아직 일이 진행 중에 있다면 탁월한 자와 어울려라. 그러나 이미 성공했다면 평범한 사람들과 어울려라.

165

나쁜 일은 다른 사람에게 떠넘길 줄 알아야 한다. 악의를 막아내는 방패를 갖는 것은 통치자가 가져야 할 위대한 술책이다. 이는 시기하는 자의 말처럼 무능력에서 비롯되는 것이 아니다. 그것은 실패와 그에 대한 비난의 형벌을 다른 이에게로 돌리려는 고도의 술책인 것이다. 모든 일이 잘 될 수는 없고, 모든 사람을 만족시킬 수는 없다. 그러니 그대의 긍지가 다소 손상을 입더라도 불행한 일을 떠맡을 수 있는 희생양을 거느려라.

166

어리석은 자들을 견딜 줄 알라. 똑똑한 자들은 언제나 참을성이 없다. 지식이 많을수록 참을성은 줄기 때문이다. 통찰력이 큰 자는 쉽게 만족하지 않는다. 에픽테트에 따르면, 제일 우선되어야 할 삶의 원칙은 인내할 수 있는 능력이며 지혜의 절반은 거기에 달려있다. 우리는 대개 의지하는 사람에게는 인내를 보인다. 이는 극기를 위해 유용한 훈련이다. 인내심을 지니면 소중한 평화를 누릴 수 있으며 세상이 행복해진다. 그러니 참는 데에 소질이 없는 사람은 자신 안에 은거하라.

167

말과 성과를 구분하라. 그러기 위해선 우정과 개인적인 만남, 그리고 직무에서 각각의 엄밀한 정확성이 필요하다. 이러한 모든 것은 서로 다른 것이기 때문이다. 말은 나쁘고 성과만 좋다면 좋은 것이 아니다. 그러나 말은 좋고 성과가 나쁘다면 그보다도 못한 것이다. 말은 먹을 수가 없다. 말은 바람과 같은 것이기에. 점잔만 빼면서 살 수는 없다. 그것은 예의를 차린 사기이다. 말은 성과로서 나타나야 하며, 그럴 때에야 비로소 가치를 갖는다. 열매를 맺지 못하고 잎사귀만 무성한 나무는 살아있는 것이 아니다. 열매를 맺는 나무는 쓸모가 있지만 잎만 무성한 나무는 그늘을 드리울 뿐임을 알아야 한다.

168

통찰력을 지녀라. 아니면 그것을 가진 자에게 귀 기울여라. 자신의 것이든 빌려온 것이든 분별력이 없으면 살아갈 수 없다. 그러나 많은 이들은 자신의 무지를 알지 못하고, 또 어떤 이들은 안다고 믿으나 실제로는 아무것도 알지 못한다. 머리에 결함이 있는 자는 치유불가능하다. 그리고 무지한 자는 자신을 알지 못하기에 무지에서 벗어날 생각도 하지 않는다. 스스로 현명하다 믿지 않는 자가 현명한 것이다. 그렇기에 지혜로운 자는 드물기도 하지만 있어도 할 일이 없다. 아무도 그들에게 조언을 구하지 않기 때문이다. 다른 이의 조언을 듣는 것이 그대의 위대함을 깎는 일은 아니며 능력의 결여를 나타내는 것도 아니다. 오히려 그대가 위대하고 능력 있는 자임을 보여주는 것이다.

진부해지는 것이 두려워 이치에서 벗어나지는 마라. 극단적인 이 두 가지 태도가 우리의 명망을 해친다. 이치에 어긋나는 모험은 어리석음에 가까운 것이다. 이치에 어긋나는 일은 어느 정도 기만이며, 그 새로움과 자극으로 처음에는 찬사를 받는다. 그러나 후에 허울을 벗고 그 빈궁함이 드러나면 재앙을 가져오는 것이다. 그것은 일종의 사기이며 국사(國事)에 있어서는 나라를 망하게 한다. 탁월함을 발휘하여 진정 위대한 공적을 이루지 못하거나 그럴 용기를 갖지 못한 사람들이 이런 일을 저지른다. 그들은 바보들에게선 경탄을, 현명한 사람들로부터 경고를 받는 것이다. 이치에 어긋나는 언행은 판단이 왜곡되었음을 보여준다. 그리고 그것이 때로 거짓에 근거하지 않는다 하더라도 그 불확실함으로 인해 더 중요한 일에는 위험을 가져온다.

170

남과 허물없는 사이가 되지 마라. 다른 이와 허물없게 되면 우월함을 상실하며, 그대의 흠잡을 데 없는 능력을 남에게 주면 존경심도 잃게 된다. 별은 우리 손이 닿지 않기에 찬란함을 유지하는 것이다. 신적인 것은 경외감을 불러일으킨다. 붙임성 있는 태도는 경멸에 길을 터준다. 그것이 인지상정이며, 세상에 흔한 것은 주목받지 못하는 법이다. 공공연히 자신을 드러내면 조심스레 감추고 있던 결점도 드러난다. 누구나 지켜야 할 원칙은 이런 것이다. 높은 자를 믿지 마라. 그것은 위험하다. 하찮은 자에게 신뢰를 보이지 마라. 그러면 품위가 깎인다. 그러나 무엇보다도 평범한 사람들과 허물없는 사이가 되지 마라. 어리석은 이들은 뻔뻔스러워 이러한 호의를 받아야 할 빚으로 오인하기 때문이다. 너무 붙임성 있는 태도는 비천함과 상통한다.

171

경쟁자가 하는 일을 따라서 하지 마라. 어리석은 자는 현명한 자가 적절하다고 평가하는 일을 결코 하지 않는다. 그는 좋은 점을 발견하지 못하기 때문이다. 그러나 조금이라도 현명한 자라면 다른 이가 예견하여 이미 행한 일에 뛰어들지 않을 것이다.

172

깨지기 쉬운 교제나 우정은 맺지 마라. 성분에 결함이 있는 것은 아주 쉽게 깨져버린다. 무례함과 악의로 가득 찬 교제와 우정이 그런 것이다. 그런 사람들의 심성은 눈동자처럼 약하여 농담에서든 진담에서든 접촉을 견뎌내지 못한다. 사소한 일에서조차 쉽게 상처를 받으며 어떤 일에서도 결말을 보지 못하는 것이다. 그런 자와 교제할 때에는 극히 조심해야 한다. 언제나 그들의 유약함을 고려하고 표정도 살펴라. 작은 불쾌함도 그들의 기분을 건드릴 수 있기 때문이다. 이들은 대개 이상한 사람들로 변덕스런 기분의 노예이다. 자신들의 변덕에 따라 모든 것을 내버릴 수 있고 스스로가 만들어 낸 헛된 명예의 숭배자가 될 수 있다.

173

의례적으로 하지 마라. 겉치레에 까다로운 사람은 성가심을 준다. 그러나 국민 모두가 이런 속성을 지니고 있다. 어리석음의 옷은 이러한 허례로 기워져 있는 것이다. 품위를 지키는 것은 좋다. 그러나 허례허식에 신경을 쓰는 사람은 존경을 받지 못한다. 물론 사람은 허례에 개의치 않을 때 더 뛰어난 미덕을 필요로 한다.

174

성급하게 살지 마라. 주어진 것을 적절히 나눠 쓸 줄 알면 그것을 즐길 수 있다. 많은 이들의 행운은 그들의 삶보다 먼저 끝을 보인다. 그들은 향유할 수 있는 일에 기뻐하기보다 그것을 망쳐버린다. 그리고는 즐거움이 달아났음을 알고서야 아쉬움을 느끼는 것이다. 그들은 늘 즐거움보다 앞서 달려가 다가올 세월까지 갉아먹는다. 그렇게 성급하기에 모든 것이 빨리 끝나는 것이다. 지식에 목마를 때에도 절제를 지켜 안 배우느니 못한 것은 배우지 마라. 우리가 사는 동안 언제나 즐거움이 있지는 않다. 그러니 즐길 때는 천천히, 일할 때는 빨리 하라. 일을 마치는 것은 좋으나 즐거움이 끝나는 것은 좋지 않기 때문이다.

175

그대의 마음을 믿어라. 특히 그 마음이 확실하다면, 그때는 마음에 귀 기울이는 것에 주저하지 마라. 확실한 마음은 종종 무엇이 중요한지를 예언해준다. 그것은 그대 내면에서 들리는 예언의 소리이다. 많은 이들은 복된 천성을 타고나 진정 올바른 마음을 지니고 있다. 그것은 불운이 닥칠 때마다 경고의 소리를 울려 불운을 막게 한다. 재앙에 맞서는 것은 현명한 처사가 아니다. 재앙을 극복해야 할 때가 아니라면.

실속 있는 사람이 되라. 그런 사람은 실속 없는 일에는 만족하지 못한다. 겉으로 온전해 보이는 사람 모두가 실제로 온전한 것은 아니다. 많은 사람들은 그런 모습을 가장하고 있다. 그들은 망상의 자식인 기만을 낳고, 비슷한 사람들에게서 지원을 받으며 진실을 약속하는 확실함보다는 거짓을 약속하는 무지에 더 큰 애착을 보인다. 거짓은 많으나 진실은 별로 없기 때문이다. 하나의 기만은 반드시 다른 기만을 만들므로 모든 것은 망상적인 것이 된다. 그리고 공중에 세워진 것은 추락하기 마련이다. 잘못 착수된 일은 지속될 수 없다. 너무 많은 것을 약속하는 것은 이미 의심스러운 것이다.

177

침묵은 뛰어난 두뇌를 보증하는 것이다. 비밀이 없는 마음은 개봉된 편지와 같다. 바닥이 깊은 곳에는 비밀도 깊이 묻혀 있다. 비밀은 강단 있는 자기억제에서 나오며, 이렇게 자신을 극복할 수 있는 것이 참된 승리이다. 자신을 드러내면 드러낼수록 남들에게 바칠 세금은 커진다. 자기가 하려는 바를 말하지 말며, 말해야 하는 것은 행하지 마라.

178

잃을 것이 없는 사람과는 어울리지 마라. 그런 사람과 사귀면 비할 바 없이 심한 싸움에 말려들기 때문이다. 그런 사람은 아무 걱정도 없이 나타난다. 그에겐 잃을 수치심조차 없기에 모든 것이 끝장났으며 더 잃을 무엇이 없다. 그렇기에 온갖 부정한 일에 몸을 던진다. 그런 끔찍한 위험에 자신의 소중한 명성을 맡겨서는 안 된다. 얻는 데 수년이 걸린 명성도 한순간에 사라질 수 있기 때문이다. 의무감과 명예심을 가진 사람은 잃을 것이 많으니 자신의 위신을 돌보아라. 그리고 자신의 위신과 그 외의 모든 것에 대해 깊이 생각하라. 일에 관여할 땐 조심하고 유보적인 태도를 취하라.

179

어떤 일에서도 지나친 확신은 금물이다. 어리석은 자는 늘 지나친 확신에 사로잡히며, 지나친 확신은 모두가 어리석은 것이다. 판단이 그를수록 고집은 커진다. 분명 자신이 옳을 때에도 양보하는 것이 미덕이다. 우리가 가진 근거는 남들도 모르지 않으며 우리의 점잖음 또한 알고 있다. 승리해서 얻을 수 있는 것보다 고집을 부려 잃는 것이 더 많은 법이다. 완고함은 진리를 보여주는 것이 아니라 성격의 조잡함을 보이는 것이기에. 설복시키기 불가능한 돌 같은 사람들이 있듯 자신의 확신에서 벗어날 줄 모르는 망상적인 고집쟁이들도 있는 것이다. 둘 다 어리석음과는 뗄 수 없는 관계이다. 확고함은 의지에 속하지 분별력에 속하는 것이 아니다. 그러나 여기에도 예외가 있다. 판단하여 실행한 결과가 실패라면 피해는 곱절이 되는 것이다.

180

평화롭게 사는 것이 오래 사는 길이다. 살고자 한다면 삶을 그냥 내버려둬라. 평화로운 자는 사는 것만이 아니라 지배한다. 분쟁이 없는 하루는 평화로운 수면의 밤을 가져온다. 오래오래 쾌적하게 산다는 것은 곱절로 사는 것이며, 이는 평화의 결실이다. 모든 것에는 중요하지 않은 면이 있는 법이다. 매사를 다 마음에 담고 있는 것보다 부조리한 일도 없다.

181

다른 사람의 호의를 남용하지 마라. 좋은 후원자는 큰 일을 위해 있는 것이다. 크나큰 신뢰를 작은 일에 소모하지 마라. 그것은 타인의 호의를 낭비하는 것이다. 사소한 목적을 위해 큰 것을 남용한다면 나중에 무엇이 남겠는가? 자신을 후원해 주는 사람만큼 가치가 큰 것은 없고 오늘날 다른 사람의 호의만큼 귀중한 것은 없다. 호의는 세상을 세우기도 하고 멸하기도 한다. 심지어 호의는 지혜로운 정신을 줄 수도 있고 빼앗을 수도 있다. 많은 재산을 갖는 것보다 힘있는 자의 호의를 얻는 것이 더 중요한 것이다.

182

과도한 예절에 흡족해하지 마라. 그것은 일종의 속임수이다. 어떤 이들은 마법을 부릴 때 테살리아의 약초를 쓰지 않는다. 허영에 찬 바보는 비위를 맞추며 모자만 벗으면 금방 넘어가기 때문이다. 진정한 예절은 의무와 같은 것이며, 억지로 꾸민 쓸데없는 예절은 기만이다. 이는 품행에 관계된 일이 아니라 다른 이를 자신에게 종속시키려는 수단일 뿐이다.

183

유리한 일은 직접 하고 불리한 일은 남에게 시켜라. 전자를 통해 총애를 얻을 수 있고 후자를 통해 악의를 피할 수 있다. 위대한 자가 좋은 일을 행하면 좋은 일이 생겼을 때보다 즐거움이 더 크다. 그것은 그의 아량이 느끼는 행복이다. 남에게 쉽게 고통을 일으키지는 마라. 동정심 때문이든 앙갚음으로 인해서든 그대 자신이 고통을 겪게 된다. 윗자리에 있는 사람은 보답이나 징벌을 통해서만 영향을 줄 수 있다. 이때 좋은 일은 직접 행하고 나쁜 일은 남을 통해 하라. 군중의 분노는 개의 분노와 같다. 그들은 고통의 원인을 잘못 생각하여 그대가 사용하는 도구에게 반기를 든다. 도구가 된 사람은 책임도 없으면서 직접 나섰다는 이유로 희생을 당한다.

184

명망이 높은 자라도 잘못이 있으면 인정하라. 흠잡을 데 없는 자는 악덕이 금과 비단으로 치장을 해도 그것을 알아본다. 악덕은 높이 올라설 수 있지만 그렇다고 고귀한 것은 아니다. 위대한 자에게도 이런저런 결함은 있을 수 있지만 그렇다고 위대함이 깎이는 것은 아니다. 추함은 높은 지위에 의해 가려질 수 있으며, 추한 얼굴조차도 때로는 아첨에 의해 감춰질 수 있다. 그러나 위대한 자의 결함은 눈에 띄지 않지만 하찮은 자의 결함은 결국 멸시받는다는 것을 명심하라.

185

다른 이가 갖지 못한 그 무엇을 이용하라. 어떤 이가 욕구를 가지고 있다면 이는 그를 움직일 수 있는 효과적인 수단이 될 수 있다. 철학자들은 욕구나 탐욕이 아무것도 아니라고 말한다. 그러나 정치가들에겐 그것이 전부이다. 정치가가 상황을 가장 잘 이해하는 것이다. 많은 이들은 다른 이의 소망을 자신의 목적달성을 위해 이용할 줄 안다. 그들은 주어진 기회를 활용하여 소망의 충족이 어렵다고 선전하고 그렇게 하여 탐욕을 자극한다. 그들은 가진 자의 배부름보다는 동경하는 자의 열정에 더 많은 것을 약속한다. 장애가 많을수록 소망은 더 열렬해지기 때문이다.

186

모든 일에서 위안을 얻어라. 쓸모없는 사람들은 그들이 영원히 살리라 생각하며 위안을 얻는다. 그 어떤 근심이라도 위로받을 수 있다. 어리석은 자에겐 그들이 행복하다는 게 위안이다. 속담은 못생긴 여자도 행복할 수 있다고 말하지 않던가. 오래 살려면 쓸모가 없는 것이 방책이다. 엉성한 그릇은 좀처럼 깨지지 않아 지겨울 정도이다. 중요한 사람들은 운명의 시기심을 자극하는 듯하다. 운명은 쓸모없는 사람에겐 오랜 삶을, 중요한 사람에겐 짧은 삶을 부여하기 때문이다. 있어야 할 사람의 삶은 곧 끝을 맺으나 있으나마나한 사람은 영원히 산다.

187

그대의 위신이 단 한 번의 시험으로 좌우되게 하지 마라. 이에 실패하면 손상은 그 무엇으로도 보상될 수 없다. 한번쯤은 실패할 수도 있으며 특히 처음에는 그렇다. 시간과 기회가 그대에게 항상 유리한 것은 아니다. 그래서 운 좋은 날이라는 말도 있는 것이다. 처음의 실패를 교훈삼아 두 번째 시험에는 더 안전을 기하라. 성공하든 실패하든 첫 번째 시험은 명예를 회복할 수 있는 발판이 되어야 한다.

188

남을 칭찬하는 말을 하라. 그러면 훌륭한 감식력을 지녔다는 평을 들을 것이다. 그리고 전에도 탁월함을 볼 줄 알았기에 지금도 알아본다는 평가가 내려진다. 그리하여 다시 지금 완전함을 존중할 줄 아는 자는 후에도 옳은 일을 하리라는 찬사를 얻으리라. 눈앞의 완전함을 공경하는 것은 예리한 지혜를 보여주는 것이다. 그러나 정반대의 사람들도 있다. 그들은 언제나 험담만을 일삼으며 없는 자를 비방하고 있는 자의 비위를 맞춘다. 이것은 이런 일의 간교함을 알지 못하는 사람들과 비방을 일삼는 사람에게나 즐거운 일일 뿐이다. 어제의 탁월한 공적보다 오늘의 평범함을 더 높이 평가하는 정략가도 많다. 그러나 신중한 자는 이 모든 교활함을 꿰뚫어보고 과장된 이야기에 용기를 잃지 않으며 아첨하는 말에 가슴 부풀지도 않는다.

189

어떤 일에서든 자신감을 갖는 것은 중요한 지혜이다. 다른 이들을 우러러봐 두려워하는 일이 없도록 적당히 낮춰 생각해야 한다. 마음의 상상력이 너무 힘을 갖지 않게 하라. 개인적으로 알 때까지 너무 크게 보이는 사람들이 많다. 그러다가 교제를 해보면 평가가 너무 높았다는 것을 깨닫게 된다. 아무도 인간성의 좁은 한계를 넘어설 수는 없다. 누구나 머리에서든 마음에서든 결함은 있는 것이다. 직위와 위엄은 겉으로 만의 우월함이며, 인격이 따르는 경우는 드물다. 그러나 상상력은 언제나 비약을 하고 사물을 실제보다 더 화려하게 채색한다. 상상력은 있는 일만을 생각하는 것이 아니라 있을 수 있는 일도 생각하는 것이다. 이성이 많은 체험을 거쳐 환상에서 벗어나면 실제의 것을 보게 된다. 그러니 어리석음은 외람됨을 버리고 미덕은 두려움을 버려야 한다. 자신감은 단순한 태도를 조장하기도 하지만 가치와 지식을 위해서는 더 큰 도움이 되는 것이다.

190

자신의 일에서 벗어나기 위해 타인의 일에 관여하는 자를 조심하라. 교묘한 책략을 간파하려면 예민한 코가 있어야 한다. 많은 이들은 자신의 일을 다른 사람의 일로 만든다. 그 의도를 풀어낼 열쇠가 없으면 발을 디딜 때마다 함정에 빠질 것이다. 다른 사람의 이익을 위해 큰 상처를 입고 있는 손을 불에서 빼내라.

191

자신과 자신의 일을 이성적으로 파악하라. 특히 인생에 첫걸음을 내디딜 때에는. 누구나 자신을 대단하게 생각하며, 그럴 근거가 없을 때 더욱 그렇다. 누구나 행복을 꿈꾸며 자신을 경이로운 존재로 여긴다. 그러한 허황된 상상은 현실에 직면하면 고통의 근원이 된다. 현명한 자는 그러한 혼란에 빠지지 않는다. 그는 항상 최선의 것을 희망하지만 최악의 경우에도 대비하기에 불행이 닥쳐도 평정을 유지한다. 목표를 바로 맞히려면 과녁을 높이 드는 것이 좋긴 하다. 그러나 시작되는 인생의 행로를 완전히 망칠 정도로 높아서는 안 된다. 어리석음을 막는 최고의 만병통치약은 통찰이다. 자신의 활동과 지위의 한계를 알라. 그러면 생각을 현실에 맞게 바로잡을 수 있다.

192

평가할 줄 알라. 누구라도 어떤 일에서 타인의 스승이 될 수 있다. 그리고 남보다 우월한 사람이라도 누군가에 의해 압도당할 수 있다. 현명한 자는 모든 것을 평가할 줄 안다. 그는 매사에 좋은 것을 찾아낼 줄 알고 어떤 일을 제대로 하려면 어느 정도의 노력이 있어야 하는지도 안다. 어리석은 자는 모든 사람을 멸시한다. 그런 사람은 좋은 것을 분간할 줄 모르고 더 나쁜 것을 선호한다.

193

어리석은 자 때문에 괴로움을 겪지 마라. 바보를 알아보지 못하는 사람, 그 사람이 바로 바보다. 바보인 줄 알면서 멀리하지 못한다면 더 바보다. 어리석은 자들은 피상적인 관계에서는 위험하며 신뢰 있는 관계에서는 치명적이다. 바보들 자신이 조심하고 다른 이들이 세심하여 한동안 뜸하더라도 바보는 결국 어리석은 행동을 저지른다. 바보가 기다린 것은 그러면 혹 품위 있어 보일까 생각했기 때문이다. 바보에게도 좋은 점은 있으니, 그들에게 지혜로운 사람은 소용없으나 지혜로운 사람에겐 그들이 많은 소용이 된다는 것이다. 현명한 자는 바보를 보고 깨달음을 얻으며 자신을 훈련한다.

194

그대의 행운의 별이 무엇인지 알아야 한다. 누구에게나 그 별이 있다. 불행은 자신의 별을 알지 못하기에 찾아온다. 어떤 이들은 이유도 알지 못하고 군주나 권력자의 비호를 받는다. 그들이 아는 것은 운명의 은혜를 입었으며 노력은 부수적 역할만 했다는 사실이다. 어떤 이들은 지혜로운 사람이 되는 은총을 받았다. 마찬가지로 우리는 종종 관직이나 지위에서 남들보다 더 큰 행운을 누리기도 한다. 이러한 행운은 고르게 분배된다. 누구나 단 하나의 장점은 있는 것이다. 운명은 언제 어느 때라도 카드패를 뒤섞을 수 있다. 그러므로 자신의 재능뿐 아니라 행운의 별도 알고 있어야 한다. 자신이 가진 행운의 별을 따르고 도움을 주고 다른 별과 섞이지 않도록 하라. 작은곰자리가 가리키는 북극성이 없다면 혼란을 겪을지도 모른다.

195

자신을 옮겨심을 줄 알아야 한다. 더 나은 지위를 위해 떠날 수밖에 없는 민족도 있다. 재능있는 자에게 조국은 언제나 계모와 같다. 그들이 자란 조국이란 토양에는 시기심이 횡행하기 때문이다. 그리고 사람들은 그 싹이 다다른 위대함보다는 처음의 불완전성을 더 잘 기억해 낸다. 모든 낯선 것은, 멀리서 왔기에, 또는 완성된 상태로 등장했기에 존경받는다. 한때는 구석에서 멸시를 받다가 이제는 세상의 영예를 얻어 고향과 외국에서 칭송받는 사람들을 보게 된다. 동향인은 그가 멀리에 있기에, 외국인은 그가 멀리서 왔기에 존경하는 것이다. 정원의 나무처럼 보아온 돌덩이가 제단 위의 조각상으로 적합하다 생각할 사람은 없을 것이다.

196

말과 행동이 완전한 인간을 만든다. 탁월한 것을 말하고 존경받을 일을 행하라. 전자는 두뇌의 완전함을, 후자는 마음의 완전함을 보여주는 것이다. 그리고 두 가지가 함께 영혼의 숭고함을 드러낸다. 말은 행동의 그림자이다. 말은 여성적인 것이며 행동은 남성적인 것이다. 칭찬하는 자가 되기보다는 칭찬받는 자가 되라. 말은 쉽지만 행동은 어렵다. 행위는 삶의 실체이며 말은 그 장식이다. 탁월한 행동은 후세에 남지만 탁월한 말은 지나가 버린다. 행위는 생각의 결실이다. 그러므로 생각이 현명하면 행위는 성공한 것이다.

197

소망할 만한 일을 남겨두라. 완전한 행복 다음에는 불행이 찾아오기 때문이다. 육체는 숨쉬려 하고 정신은 추구하려 한다. 모든 것을 가진 자는 실망하여 불만을 느낀다. 지성에게도 알아야 할 무엇이 남아 있어야 호기심이 일고 희망이 살아 숨쉬는 것이다. 칭찬을 할 때에도 아주 만족시키지 않는 것이 현명한 태도이다. 소망할 일이 남아 있지 않다면 모든 일이 두려워진다. 이 얼마나 불행한 행복인가! 소망이 중단되는 곳에서 두려움이 시작된다.

198

바보처럼 보이는 자는 모두 바보이며, 그렇게 보이지 않는 사람도 절반은 바보이다. 어리석음은 세상 어디에나 있다. 지혜가 존재한다 하더라도 천상의 지혜에 비하면 어리석음일 뿐이다. 그러나 최고의 바보는 자신은 바보가 아니라 믿고 다른 사람은 모두가 바보라 말하는 자이다. 현명한 자는 남에게 현명하게 보이는 것으로 충분치 않다. 특히 스스로가 그것으로 만족하지 마라. 자신이 안다고 생각하지 않는 자가 아는 자이며, 다른 사람이 보는 것을 보지 못하는 자는 볼 수 없는 자이다. 세상은 바보들로 가득 차 있지만 자신이 바보라 생각하거나 그렇게 의심해보는 사람은 한 명도 없다.

199

쉬운 일은 어려운 것처럼, 어려운 일은 쉬운 것처럼 하라. 쉬운 일을 할 때는 우리의 자신감이 부주의를 낳지 않게 하고, 어려운 일을 할 때는 소심함이 용기를 꺾지 않게 하라. 어떤 일이 마무리되지 않는 것은 그 일을 너무 쉽게 생각해서이다. 반대의 경우에는 근면과 노력으로 불가능이 가능해진다. 커다란 의무를 두려워해서는 안 된다. 그렇지 않으면 조그마한 어려움에도 우리의 행동력이 마비되기 때문이다.

200

거짓을 말하지 말고 언제나 진실만을 말하지도 마라. 진실을 말하는 것보다 더 조심해야 할 일은 없다. 그것은 심장의 피를 흘려내는 것과 같다. 진실을 말하는 것과 진실에 대해 침묵할 줄 아는 것은 똑같이 중요하다. 단 한 번의 거짓말로 흠 없던 명성을 잃을 수 있다. 사기가 비행(非行)이라면 사기꾼은 더욱 질나쁜 인간이다.

201

자제할 줄 알라. 오랜 시간의 침착함보다 순간의 분노와 기쁨이 더 많은 문제를 야기한다. 평생 계속될 수치가 한순간에 마련되기도 한다. 다른 이의 계략은 흔히 의도적으로 그대의 이성을 그렇게 시험한다. 그것은 그대의 정신 깊은 곳을 파고들어 그대의 탁월한 두뇌를 극한까지 몰고 갈 은밀한 수단으로 사용하기 위함이다. 말이란 내뱉는 사람에겐 가볍게 느껴져도 듣는 사람에겐 무게를 지닌다.

202

대수롭지 않게 여길 줄도 알아야 한다. 어떤 일을 달성하려면 그것을 소홀히 대하는 것도 비결이 될 수 있다. 구할 때는 얻지 못하다가 유의하지 않고 있으면 저절로 손에 들어오는 경우가 비일비재하기 때문이다. 무시하는 것은 더 나아가 교묘한 복수가 될 수도 있다. 붓으로 자신을 방어하지 말라는 것은 지혜로운 사람들의 계명이다. 그러한 방어는 흔적을 남기며 적의 파렴치함을 징계하기보다 그에게 영광을 주는 역효과를 낳는다. 직접 공을 세워 얻을 수 없는 이름을 간접적으로 얻기 위해 훌륭한 인물의 적수로 나서는 것은 하찮은 자들의 술책이다. 뛰어난 적수가 나서지 않았다면 우리에게 전혀 알려지지 못했을 인물들도 많은 것이다. 망각보다 더 심한 복수는 없다. 망각은 무(無)의 티끌 속에 모든 것을 묻어버린다. 비방을 잠재우는 방법은 그것에 개의치 않는 것이다. 비방에 대응하면 손해를 입으며 우리의 위신이 깎이고 적에게 유리할 뿐이다. 작은 오점 하나로 명성의 광휘가 사라지는 것은 아니지만 약해질 수는 있기 때문이다.

203

비천한 인간들은 어디에나 있다. 훌륭한 가문에도, 어느 누구의 집에서든 그런 인물을 만날 수 있는 것이다. 그리고 더 질 나쁜 최악의 천한 인간들도 존재한다. 이러한 부류의 인간들은 보통 사람들과 그 성품이 비슷하다. 깨어진 거울의 조각들이 여전히 거울의 성격을 가지듯. 그러나 이들의 해악은 더 크다. 그들은 어리석게 말하면서도 오히려 사람들을 비난한다. 그들은 무지의 수제자이고 어리석음의 후원자이며 험담의 동맹자이다. 그들의 말에는 개의치 말고 그들의 생각에는 더욱 개의치 말아라. 그들을 피하려면 그들을 아는 것이 중요하다. 어리석음은 모두 천한 것이며 천한 것은 어리석음으로 구성되어 있다.

204

바보의 병으로 죽지는 마라. 지혜로운 사람들은 대개 분별력을 잃었을 때 죽는다. 그에 반해 바보는 좋은 충고에 짓눌려 죽는다. 바보처럼 죽는다는 것은 너무 많은 생각으로 인해 죽는 것이다. 어떤 사람들은 생각하고 느끼기 때문에 죽고, 어떤 사람들은 생각과 느낌이 없기에 산다. 후자는 고통 없이 죽기에 바보이며, 전자는 고통으로 죽기에 바보이다. 분별력이 너무 많아 죽는 사람도 바보는 바보이다. 한마디로 어떤 이들은 현명하기에 죽고 어떤 이들은 지혜가 없어서 산다. 그러나 바보처럼 죽는 사람은 많지만 진짜 바보들은 잘 죽지 않는다.

205

기예의 핵심을 남이 알지 못하게 하라. 그대는 항상 남보다 뛰어나고 언제나 거장으로 남아 있어야 한다. 기술을 전수할 때에도 기술을 부려야 하며 가르침과 베풂의 원천을 고갈시켜서는 안 된다. 그래야 명망을 지키고 그대에 대한 다른 이들의 의존심을 유지할 수 있다. 남의 호의를 얻고 가르침을 줄 때에도 그러한 규정을 지켜라. 남들로 하여금 늘 경탄을 느끼게 하고 자신의 완전성을 끝까지 지켜라. 모든 일에 여유분을 남기는 것은 승리하여 더 높은 지위에 이르기 위한 중요한 규칙이다.

206

주제넘은 자가 아닌 현명한 자가 되어 자신의 자리를 마련하라. 높은 명성을 얻게 되는 참된 길은 공적을 쌓는 것이며, 근면함이야말로 진정한 가치의 근거가 된다. 그것이 명성을 얻는 지름길이다. 흠잡을 데 없는 완전함만으로는 충분치 않다. 애쓰며 일만 하는 것도 마찬가지이다. 그렇게 획득된 명성이란 흙탕물 한번 뒤집어쓰면 토할 듯 메스꺼움을 느끼게 한다.

일반인들의 어리석음을 멀리 하는 것이 진정한 지혜이다. 어리석음은 일반에 널리 통용되기에 힘을 갖는다. 한 개인의 어리석음을 압도할 수는 있어도 일반의 어리석음을 피할 수는 없다. 일반인들의 생각은 편견으로 가득 차 있다. 그들은 자신의 운명이 최고의 것이어도 만족하지 못하고 자신의 분별이 최악의 것이어도 만족스러워 한다. 더욱이 모두가 자신의 행복에 만족하지 못하고 다른 이의 행복을 시기하고 있다. 또한 오늘날의 사람들은 어제의 것을 칭찬하고, 여기 있는 사람들은 저곳의 일을 부러워한다. 지나간 모든 것이 더 좋아 보이며 멀리 있는 모든 것이 더 높이 평가되는 것이다. 매사에 기뻐 웃는 자는 매사에 슬퍼하는 자만큼 대단한 바보이다.

208

진실을 다룰 줄 알아야 한다. 진실이란 위험한 것이다. 그러나 올바른 자는 부단히 진실만을 말한다. 여기에서도 기술은 필요하다. 영혼을 다루는 노련한 의사는 쓰디쓴 핵심의 맛을 느끼지 못하도록 진실에 달콤함을 입히는 방법을 생각해 냈다. 노련함을 발휘하기 위해서는 훌륭한 기교를 지녀야 한다. 같은 진실을 가지고서도 어떤 자는 비위를 맞출 수 있는가 하면, 어떤 자는 바닥에 내던져 버릴 수도 있다. 지난 일을 돌아보고 현재의 일을 다루어라. 진실을 이해할 줄 아는 사람에게는 눈짓 하나로도 충분하다. 그러나 무엇을 해도 충분치 않다면 침묵이 들어설 뿐이다.

209

자기 시대의 위대한 사람들을 알라. 그런 사람들은 많지 않다. 한 시대의 불사조, 위대한 지휘관, 완벽한 연설가, 그 세기의 지혜로운 사람들, 모든 사람들의 왕은 드문 것이다. 평범한 것은 그 수가 많고 흔하며 위대한 것은 어떤 분야에서든 희귀하다. 위대함은 완전성을 필요로 하고, 그 종류가 숭고한 것일수록 그 안에서 최고가 되기는 어렵기 때문이다.

210

천국에선 모든 것이 기쁨이요, 지옥에선 모든 것이 고통이다. 천국과 지옥의 중간인 이 세상에는 두 가지 모두 공존한다. 운명은 바뀌며 모든 것이 행복하지도, 모든 것이 불행하지도 않다. 이 세상은 무(無)인 것이다. 그 자체로는 아무것도 아니지만 천국과 결부되면 많은 의미를 가진다. 운명이 바뀌어도 평정을 유지하는 자는 지혜롭다. 새로운 것은 지혜로운 사람의 일이 아니다. 우리의 삶은 연극처럼 뒤얽혀 있다가 마지막에 다시 전개된다. 그러니 좋은 결과만을 생각하라.

211

자신의 주요한 결점을 알아둬라. 뛰어난 장점에 맞먹는 결점을 갖지 않고 사는 사람은 없다. 이 결점이 조장되면 독재를 부리게 된다. 그러므로 자신의 결점에 맞서 싸워야 하며, 그 첫 단계는 주요 결점을 확실하게 아는 것이다. 자기 자신에 대해 주인이 되려면 스스로를 철저히 알아야 한다. 자신의 불완전성을 이루는 주동자를 굴복시키면 다른 결점도 극복될 수 있다.

반박할 줄도 알아야 한다. 이는 염탐하기 위한 중요한 술책이다. 이때 자신은 드러내지 않고 상대방을 말려들게 하는 것이다. 가장 효과적인 수단은 정열을 움직이게 하는 것이다. 다른 이가 흘리는 뜻모를 말을 대수롭지 않게 듣는 척하면서 그 숨겨진 비밀로 파고들라. 한 입 깨물 때마다 단물을 내어 상대의 혀에 스미게 하고 의도된 속임수의 그물에 빠지게 하라. 신중한 자의 주저하는 태도는 상대의 주의를 혼란시키고 때로는 밝혀지지 않을 그의 의도를 드러나게 한다. 의심하는 척하여 상대를 자극하는 것도 원하는 것을 캐낼 수 있는 중요한 수단이다. 배움에서도 스승에게 반박하는 것은 교묘한 술수이다. 스승은 열정에 사로잡혀 제자에게 더 깊은 진리의 근원을 보여준다.

213

본래의 의도를 감추고 접근하는 사람을 조심하라. 의지를 잠들게 한 후 공격하는 것은 교활한 자들의 술책이다. 여기에 말려들면 진다. 그들은 의도하는 바를 얻기 위해 그 의도를 감추며, 이를 알아채지 못하면 그들의 술책은 성공을 거둔다. 이중의 속셈을 갖고 접근하는 자의 수법을 간파하라. 그리고 본래의 의도를 관철하기 위해 내세우는 구실을 알아차려라. 하나는 표면적인 것이고 다른 하나가 진정한 속셈이다. 그는 갑자기 몸을 돌려 과녁의 중심을 맞힌다. 그러니 그에게 내주어도 되는 것이 무엇인지를 알라. 그리고 때로는 그의 의도를 간파하고 있음을 암시하는 것도 적절한 수법이다.

214

특별한 사람인 척 가장하지 말며 부주의하여 그렇게 보이지도 마라. 기묘한 특성과 정신나간 태도 때문에 눈에 띄는 사람들이 있다. 그것은 특출함이라기보다는 결점이다. 얼굴이 못생겨 알려지는 사람이 있듯 이상한 태도로 주목을 끄는 사람이 있는 것이다.

215

명확하게 표현하는 기술을 터득하라. 이야기할 때에는 명확함뿐 아니라 생생함도 지녀야 한다. 어떤 사람은 잉태는 좋으나 출산이 어렵다. 명확함이 없이는 정신의 산물인 생각과 결의가 제대로 세상에 나올 수 없기 때문이다. 어떤 사람들은 이해력의 그릇에 많은 것을 담지만 적은 것밖에 내놓지 못한다. 어떤 사람들은 자기가 생각한 것보다 더 많은 말을 한다. 의지가 결정한 것을 지성은 표현한다. 둘 다 큰 장점이다. 명확한 표현을 할 수 있는 두뇌는 찬사를 받는다. 그리고 가끔은 혼란스런 두뇌도 존경을 받는다. 아무도 그의 말을 이해하지 못하기 때문이다. 그러므로 평범한 것을 피하려면 때로는 모호함을 유지하는 것도 좋다. 자기가 하는 말 속에 아무 생각도 들어 있지 않다면 듣는 자가 어떻게 이해할 수 있겠는가.

216

하나의 어리석음에서 또다른 어리석음을 만들지 마라. 한 가지 어리석음을 개선하려다 네 가지 어리석음을 범하거나 한 가지 잘못을 고치려다 더 큰 잘못을 저지르는 일이 자주 있다. 잘못된 비난보다 더 나쁜 것은 잘못을 보호하려는 것이다. 그리고 악 그 자체보다 더 악한 것은 그 악을 감추지 못하는 것이다. 과실은 가장 지혜 있는 자라도 저지를 수 있다. 그러나 그 과실이 되풀이되어서는 안 된다. 또한 과실이 오랫동안 지속되어서도 안 된다.

217

정중하게 보이도록 주의하라. 대부분의 사람들은 내키는 대로 말하는 것이 아니라 정중함을 지키며 말한다. 우리가 지닌 대부분의 것과 최선의 것은 남들의 생각에 좌우된다. 예의를 보이는 것은 그 수고에 비해 도움되는 바가 크다. 우리는 말을 팔아 행동을 산다. 세상이라는 거대한 가정(家庭)에서 단 한 번도 쓰지 않는 그릇은 없다. 그 가치가 아무리 작은 것일지라도 없으면 궁한 물건이 있는 것이다.

218

영원히 사랑하지도 말고 영원히 미워하지도 마라. 오늘의 친구가 내일의 적, 그것도 가장 나쁜 적이 될 수 있음을 생각하라. 이는 정말로 일어날 수 있는 일이므로 조심해야 한다. 우정의 변절자에게 무기를 쥐어주어 나중에 피비린내 나는 싸움을 걸어오는 일이 없도록 하라. 그러나 적에게는 언제나 화해의 문을 열어두어라. 그것도 가장 확실한 관용의 문을. 너무 성급한 복수가 고통의 근원이 되는 경우가 많다. 자신이 행한 악행을 기뻐하는 마음이 비탄으로 변할 수도 있다.

219

촉감 좋아도 결을 거슬러 쥐지는 마라. 모든 것에는 양면이 있다. 아무리 좋은 것이라도 그 칼날 쪽을 쥐면 고통을 당하고, 적대적인 것이라도 손잡이를 잡으면 방패가 될 수 있다. 그 장점만 보고 기뻐했던 많은 일도 나중에는 슬픔을 드리운다. 매사에는 좋은 점과 나쁜 점이 있는 것이다. 장점을 골라내는 것이 지혜이다. 어떤 이들은 모든 일에 만족하고 어떤 이들은 모든 일에 슬퍼하는 것도 이 때문이다.

행동할 때는 고집이 아닌 통찰에 근거하라. 모든 고집은 정신의 불필요한 종양이며 사물을 올바로 이끌지 못하는 열정의 산물이다. 모든 일에 분쟁을 일으키는 사람들이 있다. 교제에서의 싸움꾼들인 것이다. 그들은 모든 것에서 이기려고만 들며 평화로운 방법을 알지 못한다. 이들이 상황을 지배하면 모든 것은 끝장이다. 그들은 파당질을 일삼고 어린애처럼 순수한 사람조차 적으로 만든다. 그들의 그릇된 생각이 알려지면 모든 사람이 적대심을 품고 그 의도를 막을 것이니 아무것도 이루는 바가 없을 것이다. 그들은 비뚤어진 머리와 흉악한 마음을 가지고 있다. 이런 종류의 괴물은 가까이하지 않는 것이 상책이며, 가까이하면 필경 그대의 적이 될 것이다.

221

사자가죽을 걸칠 수 없으면 여우가죽이라도 써라. 자신의 의도를 관철하는 사람은 명망을 잃지 않는다. 힘으로 되지 않을 때는 수완을 발휘하라. 이 길이 아니면 저 길로, 용기의 대로로 갈 수 없으면 술수의 샛길로 빠져라. 어떤 일을 달성할 수 없다면 그 일을 무시해버려라.

222

자제할 줄 아는 것은 현명함을 보여주는 것이다. 우리의 혀는 야수와 같다. 한번 고삐가 풀리면 다시 잡아 묶기 어려운 것이다. 가장 자제해야 할 사람이 가장 그렇지 못할 때 최악의 상황이 벌어진다.

223

속임수를 쓴다는 평을 듣지 마라. 세상에 속임수가 횡행할지라도. 신중하되 교활함은 버려라. 행동이 솔직한 자는 모든 이의 마음을 사로잡는다. 비록 그 모든 이는 솔직하지 못할지라도. 허나 정직함이 단순함으로, 영리함이 간사함으로 되지는 않게 하라. 간사함으로 인해 두려움을 사기보다는 지혜로운 자라는 존경을 받아라. 마음이 솔직한 자는 사랑을 받지만 속기도 쉽다. 사기로 간주되기 쉬운 일은 감추는 것도 중요한 지혜이다. 과거의 황금시대에는 솔직함이 일상사였지만 이 쇳덩이 같은 시대에는 악의가 판친다. 사람답다는 평판은 영예로운 것이며 신뢰를 얻게 된다. 그러나 속임수를 쓴다는 평판은 위험한 것이며 불신을 부른다.

224

제때에 눈을 떠라. 본다고 다 눈을 뜨고 있는 것은 아니다. 주위를 둘러본다고 다 보는 것도 아니다. 어떤 사람들은 볼 것이 더 없을 때에야 보기 시작하여 사람답게 되기도 전에 모든 것을 망친다. 의지가 없는 분별력을 이해시키기는 어려우며, 분별력이 없는 의지를 가르치기는 더욱 어렵다.

225

첫인상에 좌우되지 마라. 어떤 사람들은 귀에 들리는 첫 소식만을 믿고 그다음 소식들은 소홀히 대한다. 그러나 거짓은 늘 앞서 오고 뒤따르는 진실은 주목받지 못하는 법이다. 첫인상으로 우리의 의지와 분별력을 잃어서는 안 된다. 이는 정신의 비루함이며, 그 비루함이 알려지면 오는 것은 파멸뿐이다. 악의를 품은 자는 그 기회를 놓치지 않기 때문이다. 나쁜 뜻을 품은 자는 쉽게 믿는 자들을 재빨리 속여 자기 편으로 끌어들인다. 그러니 항상 두 번째, 세 번째의 소식을 들을 준비를 하라. 첫인상을 쉽게 받아들이는 태도는 하찮은 재능과 비루한 열정에서 비롯된다.

226

험담꾼이 되어서도 안 되고 그렇게 간주되어서도 안 된다. 그런 사람은 남의 명예를 더럽히는 자라는 평판을 얻는다. 다른 사람을 희생시키면 미움보다도 못한 것을 얻게 되는 것이다. 험담꾼은 보복을 받기 마련이다. 그리고 복수하려는 자의 수가 많으면 그들이 아닌 그가 지는 것이다. 나쁜 일이 기쁨이 되어서는 안 되니, 그것은 입에 올리지도 마라. 험담꾼은 영원히 미움을 받으며 위대한 인물을 만나면 더 큰 일을 당하게 된다. 위대한 인물의 조롱을 듣게 될 테니까. 또한 나쁜 것을 말하는 자는 언제나 더 나쁜 소리를 듣기 마련이다.

227

상대의 취향을 잘못 파악하지 마라. 그렇지 않으면 즐거움 대신에 곤욕을 치를 것이다. 어떤 사람의 기분에는 맞는 것이 다른 사람의 기분을 상하게 할 수 있다. 기쁘게 하려 애쓰다 오히려 불쾌감을 주는 경우가 잦은 것이다. 상대방의 취향을 알지 못하면 만족을 주기는 어렵다. 그렇기에 칭찬을 하려다 비난을 하여 대가를 톡톡히 치르는 것이다. 또 능변으로 즐겁게 해주려다 험담이 되어 상대의 기분을 망치기도 한다.

228

그대의 인생을 분별 있게 나누어 써라. 한숨도 쉬지 않는 인생은 주막에도 들르지 않는 긴 여행만큼 피곤하다. 다양한 지식은 삶을 즐겁게 만든다. 멋진 인생의 첫 여행은 죽은 자들과의 대화로 시작하라. 우리는 알기 위해서, 그리고 우리 자신을 알기 위해서 산다. 그럴 때 진실된 책이 우리를 사람답게 만들 것이다. 두 번째 여행은 산 사람들과 보내면서 이 세상의 좋은 것들을 보고 깨달아라. 이 세상을 만든 조물주도 자신의 재능을 나누어 썼고, 때로는 풍요로운 것에 추한 것을 곁들여 놓았다. 세 번째 여행은 자기 자신과 보내라. 마지막 행복은 철학하며 사는 것이다.

229

약간은 장사꾼 기질을 지녀라. 관조만으로 되는 일은 없으며 거래도 할 줄 알아야 한다. 현명한 자가 속기 쉬운 것은 그가 비범한 일은 잘 이해하면서도 일상사에는 어둡기 때문이다. 숭고한 것을 관조하다보면 사소한 일과에는 시간이 없기 마련이다. 지혜로운 사람은 누구나 알고 있고 알아야 할 것을 모르기에 경탄의 대상도 되지만 어리석은 자들에겐 무지한 자로 취급당한다. 그러니 현명한 자라면 상인의 기질을 체득하라. 속지 않고 비웃음 당하지 않을 정도로만. 숭고하지는 않더라도 불가피한 일에는 적응할 수 있는 사람이 되라. 실용적이지 않은 지식이 무슨 쓸모가 있겠는가? 사는 것을 이해하는 것이 오늘날 진정한 앎이다.

230

부탁할 줄도 알라. 사람에 따라서 이처럼 쉬운 일도 없고 이처럼 어려운 일도 없다. 어떤 일에서도 거절할 줄 모르는 사람이 있다. 그들은 마치 자물쇠 없는 금고와 같은 것이다. 그러나 언제나 일언지하에 거절하는 사람들도 있다. 이들에겐 그때그때 알맞은 수완이 필요하다. 그가 기분이 좋을 때를 놓치지 마라. 이때 청하는 자의 계략이 너무 앞서가서는 안 된다. 그에게 기쁜 날이면 호의가 용솟음친다. 그러나 다른 사람이 먼저 청하여 거절당했거든 그에게 다가가지 마라. 거절은 예견된 것이다. 슬픈 일이 있을 때에도 기회는 좋지 않다. 다른 사람과 미리 공모하여 같은 사람에게 동시에 부탁하지 않는 것도 요령이다.

231

담보 없이 명예를 남에게 맡기지 마라. 명예에 관한 문제에선 거래가 공정해야 하니 쌍방이 똑같이 책임을 져야 한다. 결코 자신의 명예를 남의 손에 맡기지 마라. 그래도 그런 일이 일어난다면 간계가 숨어있지 않은지를 살펴라. 위험을 똑같이 나누어 일이 잘못됐을 때 상대가 그대에게 불리한 증언을 하지 않게 하라.

232

어리석은 척 할 줄도 알아야 한다. 가끔은 가장 현명한 자가 이 카드를 내놓는다. 무지한 것처럼 보이는 사람에게 최고의 지식이 깃든 경우도 있는 것이다. 어리석은 사람들 앞에서 현명함을 보이는 것은 도움이 되지 않는다. 그러니 상대방이 알아들을 수 있는 언어로 말하라. 어리석음을 가장한 자가 어리석은 것이 아니라 어리석음으로 인해 고통을 겪는 자가 진짜 어리석은 것이다. 가장되지 않고 솔직히 드러난 어리석음이 진짜 어리석음이다. 노련한 자는 어리석은 척 할 수도 있기 때문이다. 남의 호의를 받는 유일한 수단은 가장 단순한 동물의 가죽을 뒤집어쓰는 것이다.

233

절반만 완성된 일은 드러내 보이지 마라. 시작 단계의 일은 제대로의 모습을 갖고 있지 못하며, 이 모습은 후에도 머릿속에 남는다. 완성되지 못한 것을 보면 그 기억은 오래 가 완성되었을 때에도 즐길 수가 없다. 무슨 일이든 완성되기 전에는 아무것도 아니다. 그리고 막 시작되는 일은 아직 무(無) 속에 갇혀있는 것이다. 그러니 위대한 거장은 아직 맹아 상태에 있는 자신의 작품을 드러내 보이지 않는다. 자연으로부터 배우라. 자연은 아직 보일 수 없는 것은 세상에 드러내지 않는다.

234

윗사람의 비밀을 알려 들지 마라. 자기의 추함을 보여주는 거울을 깨뜨리는 사람은 많다. 우리는 우리를 본 사람을 보고 싶어하지 않는다. 더욱이 우리의 나쁜 점을 본 사람은. 그 누구도, 특히 권력을 가진 자가 우리에게 그들의 비밀을 알고 있다는 부담을 지우게 하지 마라. 이런 일이 일어나는 것은 우리가 보여준 호의 때문이다. 특히 우정을 너무 믿어 비밀을 나누는 것은 위험하다. 남에게 자신의 비밀을 털어놓는 자는 자신을 그의 노예로 만드는 것이다. 그러니 비밀은 듣지도 말고 말하지도 마라.

235

먼저 은혜를 베풀고 보상은 나중에 받아라. 이는 현명한 자들의 수완이다. 대가를 받기도 전에 호의를 베풀면 은혜로운 사람이란 평을 듣는다. 미리 베푼 호의는 두 가지 장점을 가진다. 신속하게 베풀수록 고마움을 가중시킨다. 그리고 후일 호의를 갚아야 한다는 의무감을 지운다. 이는 서로 호의를 나누는 세련된 방식이다. 은혜를 입은 자는 은혜를 갚으려 할 것이기 때문이다. 그러나 천박한 마음을 가진 자에게 미리 은혜를 베풀면 그것은 고삐가 될 뿐 박차가 되지는 않는다.

236

자신에게 부족한 능력이 무엇인지 알아야 한다. 사소한 점만 개선하면 많은 것을 해낼 수 있는 사람들이 있다. 진지함이 부족하여 큰 능력을 발휘하지 못하는 사람이 있는가 하면 친절함이 부족한 사람도 있다. 어떤 이들은 실천력이 미미하고 또 어떤 이들은 자제력이 없다. 이 모든 결점은 자기 자신을 파악하면 쉽게 고쳐질 수 있다. 선천적인 것에 주의를 기울이면 제2의 천성을 만들어 낼 수 있다.

237

농담을 받아들이되 자신이 직접 하지는 마라. 전자는 예절이지만 후자는 갈등을 낳을 수 있다. 축젯날 불쾌해진 사람은 야수처럼 되기 쉽다. 적절한 농담은 흥겨움을 주며 이를 받아들일 줄 아는 것은 현명함을 보여주는 것이다. 농담에 흥분하는 사람은 다른 사람도 흥분하게 만든다. 그러므로 가장 좋은 것은 농담을 받아들이지 않는 것이며, 가장 안전한 것은 아예 농담을 알아차리지 못하는 것이다. 심각한 일은 언제나 농담에서 시작된다. 농담을 하기 전에 상대방이 어떤 기분이며 농담을 받아들일 수 있는지를 살펴라.

238

성공했다고 손을 떼지 마라. 어떤 사람들은 시작할 때 모든 힘을 쏟아 붓고 완성은 보지 못한다. 계획은 짜지만 성취는 못한다. 이것이 정신의 유약함이다. 말할 것도 없이 이는 인내의 부족에서 비롯된다. 인내심이 부족한 사람은 어려움을 극복할 때까지 전력을 다하지만 일단 성공하면 그에 만족하여 끝을 보지 못하는 것이다. 그는 행할 수 있음을 보여주었을 뿐 행하려 하지는 않는다. 능력이 부족해서가 아니라 분별력이 없기 때문이다.

239

순한 마음만을 갖지 마라. 뱀의 교활함과 비둘기의 순수함을 함께 지니라. 거짓말하지 않는 사람은 쉽게 믿고, 속이지 않는 사람은 쉽게 신뢰를 보인다. 그리고 어리석어서가 아니라 마음이 좋아 늘 속아주는 사람도 있다. 손해를 막을 줄 아는 사람에는 두 종류가 있다. 경험 있는 사람과 교활한 사람이다. 전자는 자신을 희생하여 이를 체득하였고 후자는 남을 희생시켜 이를 배웠다. 경험 있는 자는 속임수에서 멀어지려 하고 교활한 자는 일부러 속임수에 빠져든다. 그리고 두 사람 모두 남에게 두 번씩 속으려 하지는 않을 것이다.

240

남에게 의무감을 지워라. 그대가 갚아야 할 의무를 다른 사람에게 돌리고, 남에게서 받은 은혜를 자기가 베푼 은혜처럼 보이게 하라. 자신의 이익을 다른 이의 영예로 만들어 그대가 남을 위해 봉사한 것처럼 꾸미라. 남에게 그대가 감사해야 할 일을 당연히 받아야 할 일로 만들라. 이는 대단한 수완이다. 그러나 더 훌륭한 태도는 이런 어리석은 행위를 그만두고 각자에게 걸맞은 영예를 돌려주는 일이며 스스로의 힘으로 제 것을 얻는 것이다.

241

마지막이 항상 공정함으로 장식되지는 않는다. 극도로 파렴치한 자들이 최후의 승리를 거두기도 한다. 그들의 생각과 의지가 세력을 얻은 것이다. 그들이 자신들의 봉인을 찍고 나면 앞의 승자는 잊혀진다. 최초의 승자는 결코 승자가 아니다. 그들은 다시금 쉽게 패배할 수 있는 것이기에. 누구나 최초의 승자를 한 패로 끌어들이려 한다. 신뢰란 무용한 것이며, 최후에 승리하지 못한 자는 평생 미숙한 자로 남는다.

242

그대의 인생을 최후에 해야 할 일로 시작하지 마라. 많은 사람들은 처음에 휴식을 취하고 노력은 마지막으로 미룬다. 그러나 중요한 일은 처음에 하고, 부수적인 일은 여력이 있을 때 하는 것이다. 어떤 이들은 싸우지도 않고 승리하려 한다. 또 어떤 이들은 중요하지 않은 일을 배우기 시작하고 영예와 유용함을 얻을 수 있는 일의 습득은 인생의 마지막으로 미룬다. 이들은 행복을 얻는 일은 시작도 안 했는데 벌써 현기증을 느낀다. 배우고 사는 데에도 방법이 있어야 한다.

243

완전히 자신에게 속하지도 말고 전적으로 남에게 속하지도 마라. 모두가 비루한 독재인 것이다. 오직 자신만을 위하는 자는 모든 것을 자신만을 위해 가지려 할 것이다. 그런 이들은 하찮은 것도 양보하지 않으며 자신에게 편한 것은 조금치도 희생하지 않는다. 때로는 남에게 속하여 그들도 그대에게 속하게 하라. 공직에 있는 사람은 공공의 노예가 되어야 한다. 그렇지 않으면 그들의 위신이 깎일 것이다. 반대로 언제나 남에게 속해 있는 사람들도 있다. 어리석음이 늘 과도한 경지에 올라 있기 때문이다. 이들은 한시도 자신을 생각하지 않고 지나치게 남만을 생각하기에 모든 사람의 노예라 불릴 만하다. 이것이 분별력에까지 영향을 미치면 남을 위해서는 모든 것을 알지만 자신을 위해서는 아무것도 알지 못하게 된다. 신중한 사람은 남들이 자신을 필요로 하는 것이 아니라 자신 안에 있는 이익이 될 바를 필요로 하는 것임을 알고 있다.

244

인간적인 수단은 인간답게, 신(神)의 수단은 신의 것답게 사용하라. 이는 위대한 거장의 규칙이며 다른 설명은 필요 없다.

245

상대가 생각을 거꾸로 표현하고 있을 때를 주의하라. 특히 좋지 않은 술수를 부릴 때를. 어떤 이들의 말은 모두 반대로 해석해야 한다. 그들의 '예'는 '아니요'이며 그들의 '아니요'는 '예'인 것이다. 그들이 어떤 일의 단점을 말한다면 이 점이야말로 그들이 중요하게 여기는 것이다. 그들이 이것을 가지고 싶어 반대로 말하는 것이다. 칭찬받는 모든 것이 꼭 좋은 것은 아니다. 많은 이들은 좋은 것을 칭찬하지 않기 위해 나쁜 것을 칭찬하기 때문이다. 그러나 아무것도 나쁘지 않게 말하는 사람은 아무것도 좋게 생각하지 않는 사람이다.

246

교활해서는 안 된다. 지혜로운 것이 더 중요하다. 필요 이상으로 아는 자는 교활해지기 쉽고 그러면 일을 망친다. 안정된 진리가 더 신뢰감을 준다. 지성을 갖추는 것은 좋으나 수다쟁이가 되지는 마라. 지나친 논쟁은 싸움에 가깝다. 필요한 것 이상은 더 생각하지 않는 견실한 두뇌가 더 좋은 것이다.

247

평범하지 않은 독창적인 생각을 표현하라. 이는 탁월한 정신을 보여주는 것이다. 우리에게 거역하지 않는 사람만을 소중히 해서는 안 된다. 그런 사람은 우리를 사랑하는 것이 아니라 자기 자신을 사랑하는 것이기 때문이다. 탁월함에서 결함을 찾아낼 줄 아는 사람에게 질책받는 것을 영예로 알라. 정말로 탁월한 것은 소수의 마음에만 든다.

248

너무 분명한 태도를 보이지 마라. 대부분의 사람들은 자신들이 이해하는 것은 소홀히 하고 파악할 수 없는 것을 공경한다. 노력을 많이 들인 것이 높은 평가를 받는 것이다. 그렇기에 이해될 수 없는 사람이 명망을 얻는다. 언제나 실제보다 더 현명해 보여야 존경을 얻을 수 있다. 그러나 과장은 버리고 적절함을 유지하라. 통찰력 있는 사람에게는 생각과 분별력이 늘 중요하지만 대부분의 사람들에게는 약간의 치장이 필요한 것이다. 비난을 받지 않으려면 충분한 지성을 갖춘 것으로 보여야 한다. 많은 사람들은 어떤 것을 칭찬할 때 그 근거를 대지 못한다. 어찌 된 일인가? 그들은 깊이 숨겨진 모든 것을 신비로운 것으로 찬양하는 것이다. 남들도 그것을 찬양하니까.

249

사소한 재앙이라고 가볍게 여기지 마라. 홀로 찾아오는 것은 없다. 행복이든 불행이든 모든 것은 사슬로 연결되어 있다. 모든 것이 불행에 빠지면 생각과 이상도 예외가 될 수 없다. 불행이 잠들어 있으면 그것을 깨우지 마라. 조금만 미끌어지면 불행은 계속될 것이며 그 나락의 끝을 알 수 없을 것이다. 행복이 완성을 알지 못하듯 재앙도 결코 완결되지 않는 것이다. 하늘에서 내려오는 일은 인내로써 감내하고 지상에서 일어나는 일에는 지혜를 가지라.

250

좋은 일을 행하라. 그리고 한꺼번에 보다는 가끔씩 행하라. 남에게 갚지 못할 만큼 큰 은혜를 베풀지는 마라. 너무 많은 것을 준다면 이는 주는 것이 아니라 파는 것이다. 또 상대가 이를 완전히 알아주기를 바라지도 마라. 자신의 힘 이상의 것을 보여주면 교제가 끊어질 것이다. 너무 많은 것을 베풀려다 사람을 잃게 되는 경우는 비일비재하다. 지나친 은혜를 입은 자는 이를 갚기 어려워 몸을 움츠리고 마침내는 베푼 자를 적으로 삼을 것이다. 남에게 무엇을 줄 때는 상대가 원하나 부담은 적은 것을 주어 존경을 얻는 것이 현명한 것이다.

251

친구와 우정을 끊지 마라. 친구와의 절교는 언제나 우리의 명망에 상처를 입힌다. 배반한 친구는 가장 나쁜 적이 될 수 있다. 그는 남들 앞에서 자신의 과실을 숨기기 위해 그대의 과실을 드러낼 것이다. 누구나 자기가 보는 대로 말하고 원하는 대로 보기 마련이다. 모두가 우리를 질책했다면, 이는 우리가 처음에 앞일을 예견하지 못했거나 마지막에 인내심이 부족했기 때문이다. 그러나 그 모든 경우 우리에게 부족한 것은 지혜이다. 그럼에도 친구와 멀어지는 것이 불가피하다면 그 점에 대해 그대가 사죄하라. 그리고 분노를 터뜨리기보다는 우정이 서서히 식게 하라. 여기서도 적절한 때 물러서라는 교훈이 쓸모 있는 것이다.

252

불필요한 변명은 하지 마라. 변명은 잠자고 있던 불신을 일깨운다. 현명한 자라면 다른 사람이 의심하고 있음을 알아채지 못한 척한다. 이는 불쾌한 일을 애써 구하는 것이나 다름없는 것이다. 그보다는 자신의 행위가 정직함을 보여 그러한 의심을 불식시켜라.

253

여러 사람이 좋아하는 것을 혼자 배척하지 마라. 좋은 것은 분명 여러 사람을 흡족게 하는 것이다. 그리고 무엇이 좋은지는 쉽게 설명되지 않을 때가 많다. 혼자 떨어져 있는 것은 언제나 미움을 받으며, 그것이 그릇되기까지 하다면 조롱을 당한다. 이때 그가 다루는 대상이 아니라 그의 판단능력이 위신을 잃는 것이며, 그리되면 잘못된 감식력을 지닌 채 고립되고 만다. 좋은 것을 발견할 수 없다고 해서 자신의 무능력을 감추고 대상만을 비난하지 마라. 여러 사람이 말하는 것은 실제의 모습이거나 아니면 그들이 실현되길 원하는 모습이다.

254

불손한 자, 고집스러운 자, 오만한 자, 그리고 어리석은 자에게는 언제나 예의로 대하라. 그런 자들은 어디에나 있으니 그들과 충돌하지 않는 것이 상책이다. 가장 안전한 것은 그들을 멀리 하는 것이다. 그러니 오디세이의 지혜를 모범으로 삼아라. 그런 자들이 하는 일은 못 본 체하는 것이 현명하다. 복잡한 미로에서도 벗어나는 길이 하나있듯 이런 경우에는 정중함을 보이면 성가신 일을 피할 수 있다.

255

어떤 일에서든 잘 모르면 가장 안전한 것을 붙들라. 그런 사람은 총명하다는 평은 아니더라도 철저한 사람이라는 평은 들을 것이다. 그러나 잘 알지도 못하면서 위험을 무릅쓴다면 얻는 것은 파멸뿐이다. 그러니 항상 확실한 것을 붙들라. 이미 완성된 것은 잘못될 수 없다. 지식이 부족한 사람에겐 큰 길이 적합한 것이다. 지식이 없든 있든 확실한 것을 택하는 것이 특수한 것을 택하는 것보다 현명하다.

256

어떤 일을 하든 정중하게 하라. 그러면 상대방이 깊이 감사할 것이다. 정중함은 그저 주고 마는 것이 아니다. 그것은 상대방에게 감사의 의무를 지우는 것이다. 고상한 태도는 마음으로부터 깊은 감사를 일깨운다. 정직한 사람은 남이 그에게 베푼 것을 무엇보다 소중히 여긴다. 그렇기에 베푼 자는 상대방의 존중과 공손함이라는 두 가지를 얻는 것이다. 그러나 비열한 생각을 가진 자에게 고상한 말은 헛소리로 들릴 뿐이다. 그는 예의 바른 말을 알아듣지 못하기 때문이다.

257

불행을 함께 할 사람을 찾아라. 그러면 위험할 때 혼자 있지 않고 증오의 무게도 홀로 짊어지지 않을 것이다. 높은 지위와 영예를 혼자만 누리려다 후일 모든 이의 불만을 혼자 사게 되는 경우가 있다. 운명이든 군중이든 두 사람을 함께 공격하기는 쉽지 않다.

258

욕설이 들려오거든 이를 찬사로 바꾸라. 모욕을 피하는 것이 복수보다 더 현명하다. 경쟁자가 될 만한 사람에게서 신뢰를 이끌어내는 것은 대단한 지혜이다. 그에게 호의를 베푼다면 큰 효과가 있을 것이다. 시간이 흐르면 욕설은 줄어들고 감사의 말이 흘러나올 것이기에.

259

우리는 서로를 완전히 소유할 수 없다. 친척이든 친구든 또는 대단한 호의를 주고받은 사이든 그것은 마찬가지이다. 완전히 신뢰하는 것과 좋아하는 것은 서로 다른 것이기 때문이다. 친구도 자신만의 비밀은 있는 법이며, 아들이 아버지에게 말할 수 없는 일도 있다. 그러니 모든 것을 알리고 모든 것을 감추려면 그때그때 사람들을 구분하라.

260

어리석은 짓을 연이어 하지는 마라. 어떤 이들은 한 번 잘못된 일을 하면 이것을 의무로 여긴다. 이왕 길을 잘못 들었으니 계속 그리로 가는 것이 성격의 강인함이라는 것이다. 그렇게 하면 어리석은 짓을 시작할 때 경솔하다는 비난을 받았듯 일을 하는 동안 남들에게 바보라는 확신을 심어 줄 것이다.

261

잊어버릴 줄도 알아야 한다. 그것은 기술이라기보다는 행운이다. 우리는 가장 빨리 잊어야 할 일을 가장 잘 기억한다. 기억은 우리가 그것을 가장 필요로 할 때 비열하게 우리를 버리고 전혀 필요치 않을 때에 어리석게도 우리에게 달려온다. 기억은 우리에게 고통을 주는 일에는 자상함을 보이며 우리에게 기쁨을 줄 수 있는 일에는 태만하다.

262

어쩔 수 없는 행동을 해야 할 때 이를 좋은 기회로 이용하라. 물에 빠진 사람이 익사 위기를 벗어나는 것처럼, 불가피한 상황에서의 행동으로 갑자기 명성을 얻게 되는 경우가 있다. 위험스런 일은 이름을 높일 수 있는 기회가 된다. 고귀한 자는 자신의 명예를 걸고 내기를 하여 수천 배의 효과를 거두는 것이다. 이러한 삶의 규칙을 알고 지혜를 발휘했기에 이사벨라 여왕은 걸출한 인물들을 배출해 낼 수 있었다.

263

많은 것을 소유하려 하지 마라. 남의 일은 그것으로 인해 다칠 염려도 없고 신선함의 매력도 주기에 이중으로 즐길 수 있다. 어떤 것을 소유하면 즐거움도 있지만 그것을 남에게 빌려줌으로써, 그리고 빌려주지 않음으로써 불쾌한 일을 겪게 된다.

264

단 하루도 태만히 보내지 마라. 운명은 우리에게 즐기듯 장난을 친다. 그리고 알아채지 못하는 사이에 우연으로 가장한 큰 일을 일으킨다. 그러므로 언제나 머리와 지혜와 용기, 그리고 아름다움을 지녀 대비하라. 걱정 없던 어느 날 우리의 명망이 곤두박질할 수도 있기 때문이다. 또한 적의를 품은 운명은 때로 우리의 완전성이 부주의할 때 그것을 엄격한 시험에 놓이게 한다. 축제의 날은 누구나 알고 있다. 때문에 운명의 간계는 이 날을 놓치지 않는다. 운명은 전혀 예기치 못했던 날을 택해 우리의 가치를 시험하는 것이다.

265

너무 마음이 좋은 것도 잘못이다. 그런 사람은 화낼 줄도 모른다. 감정이 없는 이런 사람은 사람이란 이름에 값하지 못한다. 이런 태도는 언제나 태만함에서 기인하는 것은 아니고 무능력에서 비롯될 때도 많다. 어떤 일에 적절한 반응을 보이는 것은 자신의 개성을 드러내는 것이다. 새들도 때로는 허수아비를 조롱할 줄 안다.

266

비단 같은 말과 친절하고 온화한 태도. 화살은 육체를 뚫고 나쁜 말은 영혼을 찌른다. 천냥 빚도 말로 갚으며, 말만 잘하면 불가능한 일조차 관철시킬 수 있다. 언제나 입에 설탕을 물고 그대의 말을 달콤하게 적시라. 그리하여 적에게도 그 달콤함을 느끼게 하라. 다른 사람의 호감을 사려면 평화로운 태도를 취하는 것이 상책이다.

267

자신의 새로운 면모를 이용하라. 누구든 새로울 수 있는 한 좋은 평가를 받는다. 그러나 새롭다는 평판은 오래 가지 않음을 알라. 나흘만 지나도 존경은 사라지는 것이다. 그러니 처음의 좋은 평가를 잘 이용하여 찬사의 결실이 사라지기 전에 좋은 것을 모두 취하라.

268

어리석은 자가 마지막에야 하는 일을 현명한 자는 처음에 행한다. 바보와 지혜로운 사람이 같은 일을 하더라도 행하는 시간엔 차이가 있다. 지혜로운 사람은 제때에 하고 바보는 때를 놓치는 것이다. 한번 분별력을 잃고 머릿속이 뒤집혀진 사람은 계속 그럴 수밖에 없다. 왼쪽과 오른쪽을 혼동하고 더 나아가 매사를 왼쪽으로 처리하는 것이다. 그런 사람이 제대로 일을 할 수 있는 유일한 길은 한번 억지로 옳은 일을 하게 하는 것이다.

269

사람을 끄는 매력을 지녀라. 지혜롭게 예의바른 행동을 하는 것이 바로 이 매력이다. 남을 기분 좋게 하는 매력을 지니면 매사에서 실제의 이익보다 더 큰 호의를 얻을 수 있다. 남의 호의로 뒷받침되지 않은 공적은 충분치 않으며 찬사를 얻지 못한다. 다른 사람을 지배하는 가장 효과적인 수단은 탁월함이며, 이를 가진다면 행운이다.

270

더 많은 지식을 쌓되 삶에 대한 애착은 줄여라. 반대로 말하는 사람도 있긴 하다. 훌륭한 여가는 분주함보다 나은 것이다. 우리가 가진 것은 시간뿐이다. 집이 없는 자도 시간 속에서는 살 수 있다. 귀중한 인생을 단조로운 일이나 너무 숭고한 일에 소비한다면 이는 불행한 것이다.

271

그대와 관계있는 사람의 마음을 파악하라. 그래야 그들이 품은 뜻을 알아낼 수 있다. 원인을 제대로 알면 결과도 예측할 수 있다. 그러니 우선 원인과 동기를 파악하라. 마음이 우울한 자는 늘 불행을 예견하며 마음이 악한 자는 범죄를 내다본다. 그들에겐 언제나 최악의 것이 목전에 있으니 현재의 좋은 것들을 알아보지 못하고 재앙의 가능성만을 생각하는 것이다. 열정적인 자는 언제나 실제와는 동떨어진 이상한 말을 지껄인다. 그들의 입을 통해 말하는 것은 이성이 아니라 열정인 것이다. 이들 모두는 열정이나 변덕에 따라 말을 하며 진실에서는 멀어져 있다. 언제나 웃는 자는 바보이며 결코 웃지 않는 자는 음흉한 자임을 알라. 언제나 질문만 하는 자도 조심하라. 그는 경솔한 자이거나 염탐꾼이다. 추한 몰골을 하고 있는 사람에게서 좋은 것을 기대하지 마라. 그는 자신에게 그 모습을 준 자연에게 복수를 하고 남이 그에게 경의를 표해도 자신은 경의를 표하지 않는다.

272

그대가 인간임을 보여주는 때보다 더 인간으로서의 가치를 잃게 되는 때가 없다. 남들이 그대를 인간으로 보게 되면 그대를 신으로 보던 눈길이 사라진다. 경솔함은 우리의 명성을 깎아먹는 제일 큰 걸림돌이다.

273

자연의 도움을 얻어, 그리고 노력을 통해 그대의 정신을 항상 새롭게 하라. 사람의 심성은 7년마다 변한다고 한다. 그러니 그대의 감식력을 더욱 훌륭하고 더욱 고상하게 만들라. 태어나서 7년이 지나면 이성이 들어선다. 그러고 나서 7년이 지날 때마다 새로운 완전성이 더해진다. 이런 자연적인 변화를 주시하고 그 과정을 도와라. 스무 살 때 사람은 공작이며 서른일 때는 사자, 그리고 마흔일 때는 낙타이며 쉰이면 뱀이다. 예순일 때는 개가 되며 일흔이 되면 원숭이, 여든이 되면 아무것도 아니다.

274

어떤 종류의 휘장(徽章)도 달지 마라. 장점조차도 휘장이 쳐지면 결함이 되고 만다. 휘장은 기묘한 일과 관계되는 것이며, 기묘한 일은 언제나 비난의 대상이 된다. 그리고 별난 사람은 고립되기 마련이다. 아름다움조차도 지나치면 우리의 명성을 해친다. 이미 좋지 않은 평을 받고 있는 별스러움은 그것이 커질수록 불이익을 가져온다. 통찰력조차도 지나치면 요설(饒舌)이 되는 것이다.

275

위신이 깎이지 않는 한 남들과 함께 하라. 항상 자신을 대단히 여겨 거만함을 보이지 마라. 일반인들의 호감을 사려면 자신의 위엄을 조금은 낮출 줄도 알아야 한다. 때로는 대다수가 좋아하는 일을 좋아해 보라. 물론 품위를 잃지는 마라. 존경을 받으며 오랫동안 쌓아온 것을 하루 아침에 잃을 수도 있기 때문이다. 그러나 고립되어 있지도 마라. 진지한 척하지도 마라. 이런 태도는 그대를 항상 점잔만 빼는 부류에 속하게 할 것이다. 종교적인 거만함조차 우스울 때가 있다.

276

자신을 화려하게 가꾸어라. 그러면 재능이 빛을 받는다. 누구에게든 자신을 가꿀 좋은 기회는 오기 마련이다. 그것을 이용하라. 매일 매일이 승리의 날들은 아니다. 자신을 그럴듯하게 꾸며 하찮은 것들을 감추고 약간의 장점은 경탄할 만한 일로 바꾸는 사람들이 있다. 탁월한 재능에다 자신을 가꿀 줄 아는 능력이 더해지면 비길 데 없는 명성을 얻을 것이다. 화려한 민족들이 있다. 스페인 사람들이야말로 그 최고의 경지를 보여준다. 모든 피조물의 외관을 찬란하게 만드는 것은 무엇보다도 빛이다. 화려함은 많은 것을 채워주고 많은 것을 보완하며 모든 것에 제2의 삶을 부여한다. 특히 그 화려함을 내실이 뒷받침해 줄 때에는. 완전한 능력을 내려준 하늘은 화려하게 꾸밀 줄 아는 소질도 부여한다. 둘 중의 하나만으로는 충분하지 않기 때문이다. 화려하게 자신을 꾸미는 데에도 기술은 있다. 때를 놓치면 화려한 장식은 꼴불견이 된다. 잘난 체하며 자신의 장점을 과시하면 화를 부를 것이다. 그것은 허영에 가깝고 경멸을 불러오기 때문이다. 천박하지 않으려면 절제를 할 수 있어야 한다. 현명한 자라면 지나친 화려함은 피할 것이다. 때로는 침묵이 더 큰 화려함일 수 있으며, 무관심한 태도가 탁월한 능력을 돋보이게 할 때가 있다. 지혜롭게 감추는 것이 가장 효과적인 드러냄일 수 있는 것이다. 삼가는 듯한 태도가 호기심을 강하게 자극하기 때문이다. 또한 자신의 완전한 능력 모두를 한번에 드러내지 않고 조금씩 보여주어 찬사를 받고 계속 그 상태를 유지하는 것도 노련한 태도이다. 모든 빛나는 공적은 더 큰 공적의 근거가 되어야 하며 최초의 찬사에는 다음의 찬사에 대한 기대가 놓여 있어야 한다.

277

그대에게 반발하는 사람에게 곧바로 반발하지 마라. 그 반발이 계략에 의한 것인지 아니면 비루함에서 비롯되는 것인지부터 구분하라. 반발은 때로 고집이 아니라 술수일 때가 있다. 염탐을 염탐하는 것보다 더 세심을 요하는 일은 없다.

278

통찰력을 지닌 사람에게서 호의를 받아라. 탁월한 사람의 미온적인 긍정이 일반인들 모두의 찬사보다 더 소중한 것이다. 현명한 사람들은 통찰에 근거해 말하는 것이니 그들의 찬사는 고갈되지 않는 만족을 줄 것이다.

279

정직한 사람이 되라. 오늘날 정직은 통하지 않고 은혜는 쉽게 잊혀진다. 서로 간에 찬사받을 태도를 나누는 일은 드물며, 오히려 최선의 봉사는 최악의 대가를 받는다. 이런 일이 오늘날의 이 세상을 횡행한다. 그러나 우리는 남들의 잘못된 태도를 배울 것이 아니라 이를 경계해야 한다. 물론 비열한 태도를 보고 우리의 정직성이 흔들릴 위험도 상존한다. 그러나 정직한 사람은 남들이 어떤지를 생각하기보다는 자신이 누구인지를 항상 생각한다.

280

자리에서 빠짐으로써 존경을 얻어라. 자리에 있으면 명성은 줄고 자리에 없으면 명성은 커진다. 자리에 없으면 사자로 취급받던 사람도 눈앞에 보이면 웃음거리가 된다. 상상력은 실제의 얼굴보다 더 풍요로우며, 착각은 귀로 들어가서 눈으로 빠져나온다. 명성의 장막 속에 조용히 침잠해 있는 사람이 명성을 유지하는 것이다.

281

창의력을 지녀라. 이는 최고의 천부적 재능을 보여주는 것이다. 그러나 어떠한 재능이 다소의 광기 없이 존재할 수 있겠는가? 창조가 천재의 일이라면 적절한 선택은 분별력을 지닌 자의 일이다. 창의력은 하늘이 내려준 특별한 재능인 만큼 매우 드물다. 적절한 선택은 많은 이가 할 수 있으나 창조는 소수에게만 가능하며, 그것도 그 가치를 제때에 사용할 줄 아는 사람에게나 있을 수 있는 일이다.

282

주제넘게 나서지 마라. 그러면 무시당하지 않는다. 남들의 존중을 받으려면 스스로 자신의 가치를 유지하라. 자신의 인격에는 관대하기보다 엄격하라. 남들이 청할 때 들어서야 환영을 받는다. 청하지 않을 때는 가지 마라. 제멋대로 나서는 사람은 일이 잘못되면 온갖 불만을 짊어질 것이다. 또한 설령 일이 잘된다 하더라도 그에게 고마움을 표하는 사람은 없을 것이다.

283

남의 불행으로 인해 그대까지 죽지는 마라. 늪에 빠져 우리에게 도움을 청하는 사람을 경계하라. 그들은 우리가 똑같은 고통을 겪는 것을 보고 위안을 얻으려 하는 것이다. 그런 사람들은 불행을 함께 나눌 사람을 찾고 있다. 그리고 행복할 때 등을 보였던 사람이 이제 손을 내미는 것이다. 스스로는 위험을 피하면서 도움을 주려면 익사할 찰나에 있는 사람들을 조심해야 한다.

284

어떤 사람에게 모든 일을 신세지지 말 것이며, 모든 사람에게 다 조금씩 신세지지도 마라. 그렇지 않으면 모든 사람의 노예가 될 것이다. 자유는 선물보다 더 소중한 것이니 이를 잃어서는 안 된다. 많은 이가 그대에게 의존하는 것보다는 그대가 아무에게도 의존하지 않는 것에 더 큰 가치를 두라. 다스리는 이가 가져야 할 유일한 장점은 좋은 점을 더 많이 입증하는 것이다. 특히 다른 이가 그대에게 베푸는 모든 것을 호의로 여기지는 마라. 다른 이의 간계는 대개 의도적으로 호의를 베풀기 때문이다.

285

열정에 들떠 행동하지 마라. 그렇지 않으면 모든 일을 망칠 것이다. 제정신을 갖지 못한 사람은 자신을 위해 행동할 수 없다. 열정은 언제나 이성을 태워 없앤다. 그럴 때에는 자신을 대신하여 열정에 빠지지 않은 이성적인 중개자를 내세워라.

286

상황에 적응하며 살라. 우리의 행위와 우리의 생각을 포함한 모든 것은 상황에 따라 조정되어야 한다. 할 수 있을 때 하라. 시간과 기회는 아무도 기다려주지 않는다. 예외 없이 적용될 규칙을 세워놓고 살지는 마라. 그것이 미덕을 위한 것일지라도. 자신의 의지에 정해진 법칙을 부여하지는 마라. 오늘 그대가 버리는 물을 내일 마셔야 할지도 모르기 때문이다.

287

존경과 사랑을 동시에 받는 것은 크나큰 행운이다. 일반적으로 존경을 얻으려면 사랑을 받으려 해서는 안 된다. 사랑을 받는 것은 미움을 사는 것보다 더 무모한 일이다. 사랑과 존경은 서로 화합되기 어렵다. 너무 두려운 존재가 되어서도 안 되지만 너무 사랑을 받아서도 안 된다. 사랑은 신뢰를 불러오며 사랑이 한 걸음 내디딜 때마다 존경은 뒷걸음질치는 것이다. 헌신적인 사랑을 얻기보다는 차라리 경외를 품은 사랑을 얻어라. 그러한 사랑이라면 적절한 것이다.

288

사람을 시험해볼 줄 알아야 한다. 현명한 자의 주의력은 조심스런 자의 자제력에 버금가는 것이다. 다른 사람을 가늠하기 위해선 지혜로운 머리가 필요하다. 나뭇잎과 암석의 성질을 아는 것보다 사람의 마음과 성격을 파악하는 것이 더 중요하다. 금속의 성질을 그 울림에서 알 수 있듯이 그 사람의 말에서 품성을 알아내라. 말로 그 사람의 올바름을 알 수 있지만 행동은 그보다 더 많은 것을 보여준다.

289

사람의 인격은 그의 지위보다 더 나아야 한다. 그 반대여서는 안 된다. 지위가 아무리 높더라도 인격은 항상 그보다 훌륭해야 한다. 포용력 있는 정신은 항상 더 많은 것을 받아들일 준비가 되어 있으며, 그럴수록 그의 지위도 두드러져 보이는 것이다. 위대한 아우구스투스 황제도 군주로서의 지위보다는 인간됨이 더 훌륭함을 자신의 영예로 여겼다. 여기에 고상한 생각과 자신감이 따른다면 비길 데 없는 사람이 될 것이다.

290

성숙함에 대하여. 그것은 외모와 몸가짐을 더욱 빛나게 해준다. 성숙함은 그대가 지닌 모든 능력에 위엄을 부여해주며 남들의 존경을 일깨운다. 한 인간의 평정함은 그의 영혼의 모습을 보여준다. 이는 경솔하고 무기력한 바보에게서는 볼 수 없으며 조용한 권위를 지닌 자에게서만 느낄 수 있는 것이다. 조용한 권위는 완성된 인간만이 지닐 수 있다. 인간은 성숙한 만큼 완전해지기 때문이다. 사람은 아이이기를 멈출 때 진지함과 권위를 갖추게 된다.

291

자신의 견해를 너무 내세우지 마라. 누구나 이해관계에 따라 견해를 가지며 그에 대한 충분한 근거를 갖고 있다고 생각하라. 그러나 서로 반대되는 의견은 충돌하기 십상이다. 그리고 누구나 다 이성은 자기 편이라고 믿는다. 이성이 자신의 얼굴을 더 좋아할 것도 아닌데. 이런 어려운 경우에 현명한 자는 심사숙고하여 일을 처리한다. 그는 입장을 바꿔보고 상대방이 내세우는 근거를 생각해본다. 그러면 착각에 사로잡혀 상대를 비난하고 자신만을 옹호하지는 않게 되는 것이다.

292

훌륭한 사람을 만드는 세 가지. 이는 신이 부여한 최고의 재능으로 창의력과 뛰어난 분별력, 그리고 멋진 취향이다. 옳게 파악하는 것은 중요한 장점이다. 그러나 올바로 생각하고 선한 것을 통찰할 줄 아는 것이 더 중요한 장점이다. 어둠 속에서도 살쾡이처럼 빛을 발하여 사물을 올바르게 분별하는 사람들이 있다. 또 현재 목표로 삼아야 할 것이 무엇인지 파악하여 기회를 놓치지 않는 사람들도 있다. 이런 사람들은 크고 좋은 것을 얻게 된다. 그러나 멋진 취향은 삶 전체에 향기를 준다.

293

중요한 사람인 척하지 말고 중요한 사람이 되라. 많은 사람들은 아무 근거 없이 자신이 중요한 일을 하고 있는 것처럼 보이려 한다. 자신이 하는 모든 일을 신비롭게 꾸미는 것이다. 이는 야비한 짓이다. 이들은 모든 사람에게 마르지 않는 웃음거리를 제공해준다. 허영은 어떤 것이든 역겨운 것이며 이 경우엔 우습기까지 하다. 자신이 지닌 장점을 과시하듯 내세워서는 안 된다. 자신은 행동으로 만족하고 그에 대한 얘기는 남들에게 맡기라. 행동에 전념하고 이로써 무엇을 사려하지 마라. 영웅처럼 보이려 애쓰기보다는 영웅이 되기 위해 분투하라.

294

숭고한 품성을 가진 사람이 되라. 숭고한 품성이 숭고한 사람을 낳으며, 단 한 명의 훌륭한 인물이 수많은 보통 사람들보다 소중하다.

295

한마디로 성자가 되라. 이로써 모든 얘기는 다 한 셈이다. 미덕은 모든 완벽함을 묶어주는 끈이며 행복의 중심이다. 미덕은 인간을 이성적이고 신중하고 지혜롭고 분별력 있게 해주며 현명하고 용기 있고 사려 깊고 정직하고 행복하게 만들고 다른 이의 호감을 사고 진실되게 하여 그를 모든 점에서 영웅답게 해준다. 세 가지의 것이 우리를 행복하게 만든다. 그것은 성스러움과 건강함, 그리고 지혜이다. 미덕만큼 가치 있는 것도 없고 악덕만큼 혐오해야 할 것도 없다. 미덕만이 진지한 것이고 다른 모든 것은 헛된 것이다. 미덕만 있으면 그것으로 족하다. 미덕을 지닌 사람은 살아있는 동안 사랑을 받으며 죽은 후에도 사람들의 기억 속에 남는다.